쫄지마! 수능

쫄지마! 수능

펴낸날 2012년 2월 20일 초판 1쇄 펴냄 | **찍은날** 2012년 2월 20일 초판 1쇄 찍음 | **지은이** 호두 | **펴낸이**
이향원 | **표지 디자인** 임미정 | **본문 일러스트** 조재희 | **펴낸곳** 소이연 | **전화** 031)603-5328 | **등록** 제
311-2008-000019호

전국총판 시간여행 070-4032-3665 팩스 02)332-4111

ISBN 978-89-957477-7-3 03370
ⓒ 소이연 2012, Printed in Seoul Korea

값 12,000원

이 도서의 국립중앙도서관 출판시도서목록(CIP)은 e-CIP홈페이지(http://www.nl.go.kr/ecip)와 국가자료
공동목록시스템(http://www.nl.go.kr/kolisnet)에서 이용하실 수 있습니다.(CIP제어번호: CIP2012000605)

쫄지마!
수능

호두 지음

EBS면 충분해!

소이연

조금 더 밝은 세상을 위하여

내가 고등학교 3년 동안 상상하고 꿈꿔온 대학의 모습은 이랬다. 고등학교 때보다는 시간 여유가 있는 곳, 자유롭게 하고 싶은 것을 하고 만들고 싶은 것을 만들 수 있는 곳, 친구(동기)들과 같은 관심사에 대해 심도 있게 대화할 수 있는 곳, '캠퍼스 잔디밭에 누워서 책 읽는' 분위기가 물씬한 곳……. 결론부터 이야기하면 나의 이런 상상은 99% 틀렸다. 대한민국 대학교에 너무 큰 걸 바랐던 것 같다. 최고 수준 대학에 어울리지 않게 강의는 형편없다. 588만 원짜리 학원에 온 기분이랄까? 사학이라 그런가? 생각할 여유조차 주지 않는 일방적인 지식의 전달, 폭풍처럼 쏟아지는 과제, 마감 하루 전날 밤에 대충 답 찾아 베끼는 상황의 연속이다. 졸업장을 따러 온 건지, 깊이 있는 공부를 하러 온 건지 구분이 되지 않는다.

나는 남부럽지 않게 고등학교 생활을 보냈다. 수능에 대한 이야기는 차차 하겠지만 고등학교 3학년 3월에 'EBS 수능특강'을 사면서부터 수능에 대한 고민을 처음 하였고, 여름방학 때 공부한답시고 학교에 나가 책상으로 평상을 만들어 드러누워 공부했고, 9월 모의고사를 끝내고는 자전거를 타고 이리저리 쏘다녔으니, 그럴 만하잖은가. 여유 있게 고등학교 생활을 영위하면서 나는 여유만큼 많이 주어진 시간을 통해 나의 미래에 대해서 많이 고민하였다. 그리고 전문계고교로의 진학을 결정할 때 그랬듯 내가 좋아하는 것을 하기로 했다. 내가 좋아하는 그것을 하기 위해서, 조금 더 많은 것들을 깊이 있게 배우고 싶어서, 대학에 진학하기로 결심했다.

많은 사람들이 내 수능 성적을 알고는 나에게 '왜 의대에 안 지원하고 이런(공대) 델 넣었냐'고 물었다. 이들의 의아해 하는 눈길에서 나는 꿈도 희망도 없이 그저 점수가 우선시되는, 이런 게 대학이고, 이런 게 사람들이 대학을 바라보는 시선이구나, 하는 것을 한마디로 느낄 수 있었다.

모두들 대학교의 교문 통과만을 목표로 12년의 교과과정을 치열하게 밟는다. 그건 '반드시 대학에 가야 사람 구실을 한다'는 무지막지한 사회의 압박을 무조건 따라야 하는 명령이다. 애시당초 자신의 적성이나 능력과는 상관없는 일이다. 이미 점수에 맞춰 대학이 결정되어 있다. 운명은 이미 점수가 결정해 버렸다. 대학은 또 그런 자들을 위해 그저 그런, 남들이 보기 좋은, 이를 테면 취직하는데 유리한 과목들을 가르친다. 상황이 이러하니, '대학교'는 사회적인 의무교육의 압박에 철저히 복무하는, 돈만 받아먹는 졸업장 인쇄기로 전락했고, 졸업장은 사람들에게 학벌에 대한 우월감을 느끼게 해주는 종잇장 같은 존재가 되어 버렸다.

더 요상한 사실은 그렇게 대학에 진학한 사람들이 고졸취업자를 가리켜 '사리분별 없이 어린 마음에 단지 돈을 벌고 싶어서 그러는 것'이라고 매도한다는 것이다. 심지어 '전문계' 고등학교를 졸업하고 대학에 진학한 내 친구 몇몇도 대학 진학만이 유일한 길인 양 '취업하는 후배들을 이해하지 못하겠다'고 말한다. 나는 고졸취업자가 많아져야 한다고 생각한다. 그렇다고 대학 진학을 무조건 반대하는 것은 아니다. 하지만 모두에게 대학 진학을 강요하는 풍조는 명백하게 '틀린' 것이며, 사라져야 한다. 수천만 원짜리 졸업장을 놓고 '너 이거 안사? 안사면 사회 나가서 힘든데.' 하고 협박(?)하면서 '대학(大學)'을 배우러 온 학생을 만만하게 보는 대학교에게, 그런 대학교에 적응해 버려서 진학만이 진리라고 생각하는 수많은 내가 가엽다. 대학 진학 말고도 다른 길이 있음을, 그 다른 길도 모두 가치 있는 길들이라는 것을 그들에게 알려줘야 한다. '취업은 학교 다니면서 맨날 놀기만 하던 아이들이나 하는 것이다'라는 인식을 깨 주어야 한다. 그리고 그 길들이 모두 가치 있는 길들이 될 수 있도록 노력을 해야 한다.

　이건 무슨 인간 육성 게임이 아니다. 사는 데 무슨 정석이 있고, 공략법이 있겠는가. '무조건 대학 가세요'는 '부모님을 공경하세요'라는, 정말정말 기본적인 것들과는 차원이 다른 문제이다. 진학이나 취업과 같은 일들은 충분히 자신의 의지로 선택할 수 있어야 한다. 어느 하나의 선택은 '진리'가 되고, 어느 하나의 선택은 특별히 '틀린' 것이 되어서는 안 된다. '대학 진학'이라는 강제된 미래에서 우리를 해방시킬 때 우리가 선택할 수 있는 길이 좀 더 많아질 것은 당연하다.

　뭐, 현실 세계에 아직도 남아 있는 대졸자와 고졸자의 대우, 임금 차이가 무시할 만한 수준이 아니라는 것 정도는 나도 잘 알고 있다. 지금으로서는 이런 것들을 알면서도 과감하게 실천하기 힘들다. 하지만 그렇다고 해서 우리가 나아가려는 시도조차 멈춘다면, 이 사회는 결코 발전할 수 없다. 당장 수험생 생활을 그만두고 일자리를 알아보라는 얘기가 아니다. 나 또한 대학을 선택했고, 조금 실망스럽긴 하지만 어쨌든 나의 더 높은 꿈을 위해 졸업은 할 생각인데, 내가 만약 (그 규모가 작든 크든) 어느 단체의 인사권을 쥐게 된다면, 학력을 가지고 사람을 차별하거나 하는 정신 나간 짓은 하지 않으리라 맹세한다.

　대학을 선택한 자인 내가 대학을 선택할 후배들에게 해주고 싶은 이야기가 있어 이 책을 썼다. 이왕에 준비하는 수능, 세운 목표만큼은 해야 하지 않을까. 수동적인 공부'되는' 자가 아니라 능동적인 공부'하는' 자가 되기 위한 아주 사소한 이야기들을 들려주겠다. 그 이야기는 그대가 쳐다볼 수 있는 목표이기에 당신에게 조금 더 밝은 세상을 열어주는 열정을 깨워 줄 것이다.

2012년 2월
호 두

■ 차례

내가 하는 이야기에 너무 얽매이지 마라

지금 수능이라는 고지를 눈앞에 두고 있는 전사들에게 '수능 비결' 같은 것을 전수하려고 이 글을 쓰는 것은 아니다. 내가 그 비결을 알고 있다면 한가하게 책을 쓸 여유가 있겠는가. 고액 과외로 떼돈을 벌기도 바쁠 테니까.

그럼 왜 이 글을 쓸까?

난 고등학교 시절, 특히 고3을 보내면서 여러 가지로 애를 많이 먹었다. 앞서 경험한 선배들의 경험담을 조금만이라도 들었더라면 돌고 돌아가지 않아도 되었을 것. 더욱이 인문계도 아닌 전문계였기에 수능을 준비하면서 무식하게 덤벼드는 용기 말고는 필살기랄 게 없었다.

그렇게 고3 시절을 보냈기에, 그래도 수능에서 모두 1등급을 찍는 대박을 터트렸기에, 내가 찾았던 수능 준비 방법을 그냥 나 혼자만의 것으로 남겨두기가 솔직히 아까웠다.

또 나처럼 어떻게 해야 할지 몰라 망망대해에서 하늘만 쳐다보고 있을지도 모를 '대책 없는 또 다른 나'에게 이런 방식도 있다면서 조심스럽게 얘기를 건네 보고 싶었다.

이런 류의 책은 대부분 수능 전쟁에서 승리한 천재들의 무용담 일색이기 마련이다. 그런데 그 무용담을 따라하면 수능에서 대박을 칠 수 있다는 것일 터, 한데 난 그 무용담을 '잘난체' 이상도 이하도 아닌 것으로 받아들였을까? 아마도 쳐다보지도 못할 나무를 올라가라고 떠미는 것과 다를 바 없었기 때문이리라. 많은 학생들이, 그래, 나도 저렇게 될지 몰라, 하고 착각하고 따라하다가 결국, 이 길은 내 길이 아니구나, 하고 포기하게 마련인데, 그럴 즈음은 이미 시간이 저만치 흘러가버린 뒤다. 결국 나 같은 보통학생들에게 '천재놀이' 한번 해보라는 건데, 수능이 하다가 안 되면 그만두는 장난인가.

하지만 차차 풀어놓겠지만 이런 류의 경험담이 몹시 필요한 당신처럼 나 역시 문제아에다 수학을 겨우 반타작을 하던 위인이었으니까, 당신이 나 정도는 감히 쳐다볼 수 있지 않을까 싶다. 소위 말하는 전교권의 상위권에게는 전혀 필요 없는, 하지만 다른 수많은 '나'에겐 너무도 절실할 수도 있는 그런 경험담 말이다. 그래서 여러분이 나를 한번 흉내 내 보는 것도 크게 손해는 아니라는 생각에서 이 글을 쓰기로 했다.

알겠지만 노파심에서 미리 지적해두는 것은, 그렇다고 내가 들려주는 경험담이나 방법이 꼭 당신이 따라해야 하는 것은 아니라는 점이다. 그런 경험담을 참고하여 당신 자신의 방법으로 만들어가며 공부하란 것이다. 그러면 생각한 것보다 훨씬 큰 효과를 거둘 수 있으리라.

흔히 '수능 고득점자'들의 인터뷰 기사 같은 것을 보면, 깨알 같은 글씨로 노트에 빼곡히 필기를 해서 그걸로 공부했다고 말하는 것을 여러 번 본 적이 있다. 어떤 학생은 중요도에 따라, 혹은 그 내용의 성격에 따라 글씨의 색깔까지 달리 하는 세심함을 보여 주기도 했다. 그런데 만약 당신이 그렇게 노트 필기 꼼꼼히 하고, 오색 볼펜으로 똑딱똑딱하며 색 바꿔 글씨 쓰면, 성적이 오를까? 그렇다는 대답도 있을 테고, 시간 낭비라고 하는 사람도 있을 테다. 모든 사람에게는 각자만의 성향이 있고, 또 그것에 맞는 공부법(대개의 경우 자신이 그 방법을 찾아야 한다)이 있다. 혼자 하는 것을 좋아하는 사람도 있고, 같이 하는 것을 좋아하는 사람도 있고, 하나하나 따져 보는 걸 좋아하는 사람도 있고, 대강의 감만을 익히는 것을 더 선호하는 사람도 있다. 그래서 거듭 말하지만 결국 나만의 방법을 만드는 것이 핵심이다.

세상엔 공짜가 없다. 더더욱 시험에서 노력 없이 높은 점수를 받을 수는 없다. 다만 노력 했음에도 성과가 없거나 헛심을 쓰는 경우는 종종 있다. 바로 지금 당신의 모습이다. 이럴 때만큼 속상한 것이 없다. 그래서 이런 것도 있으니 참고하면 어떨까 하고 조심스럽게 말해보고자 한다.

한 마디만 더 하고 본론으로 들어가겠다. 근대기 우리나라에 테니스가 처음 들어왔을 때 있었다는 일화. 두 양반이 땀을 뻘뻘 흘리며 테니스를 치고 있었는데, 지나가던 양반이 이 광경을 보고는 혀를 끌끌 차며 한 말,

"이보게, 이 대감. 뭐에 그리 손수 땀을 뻘뻘 흘리시는 게요. 하인한테 시키면 될 일을!"

이 맘 편한 양반처럼 공부도 남한테 대신 시켜서 할 수만 있다면 무슨 걱정이겠는가. 내가 얘기하는 것이 되었든, 아님 족집게 과외 선생님의 방법이 되었든, 그 어떤 방법이 동원되더라도 결국 공부는 자기 자신이 해서 자신의 지식으로 만들어야 한다는 점이다. 시험장에서는 모든 신분을 확인 받은 나 자신이 직접 시험을 치러야 하니까.

꿈, 희망, 해방

늘 걱정하듯 말하죠, 헛된 꿈은 독이라고

세상은 끝이 정해진 책처럼 이미 돌이킬 수 없는 현실이라고

그래요 나, 난 꿈이 있어요. 그 꿈을 믿어요, 나를 지켜봐요

저 차갑게 서 있는 운명이란 벽 앞에 당당히 마주칠 수 있어요

– '거위의 꿈' 가사 중에서

11월 18일, 해방의 그날

1

2010년 11월 18일, 오늘이 바로 그 날이다. 수학능력시험일. 잠을 충분히 자두어 긴장을 풀어놓아야 시험을 잘 칠 수 있다는 생각에서 일찍 잠자리에 든 탓인지 일찍 눈이 떠졌다. 밖이 캄캄하다. 초겨울이라 밤이 길고 낮이 짧은 탓도 있겠지만 오전 5시 반은 아직 새벽이라기보다 밤에 가까웠다.

내가 이렇게 일찍 일어나본 건 고등학교 3학년 들어서 처음인 것 같다. 나는 마음으로는 수능을 준비하는 고3이었지만 생활은 큰 긴장 없이 잘 만큼 자고 편하게 보냈던 것 같다.(혹시 "너도 별 수 없군. 시험 잘 본 친구들이 흔히 하는 놀이 '잘난체' 하는군" 할지도 모르지만, 차차 얘기하겠지만 정해진 하루의 시간을 어떻게 활용하느냐에 따라 물리적 시간을 늘리지 않고도 이런 생활이 가능했기에 이 말은 결코 잘난체가 아니라고 해두겠다.)

아침밥을 먹었다. 일단 속이 든든해야 뭐든 된다는 생각으로 밥을 다 먹었다. 어젯밤에 미리 싸둔 가방에 도시락과 물을 챙겨 넣었다. 어제까지만 해도 영원히 올 것 같지 않던 수능시험이 1분씩, 1초씩 나에게 다가오고 있었다. 시계를 보았다. 아직 여유가 좀 있다, 난 여느 날 아침처럼 컴퓨터를 켜고 잠시 인터넷을 살펴봤다. 기분이 조금 나아진 것 같다.

오전 7시, 해가 떠 오면서 가로등 불빛이 사라져가는 시각에 나는 시험장을 향해 출발했다. 시험장까지는 버스로 20분. 분위기 파악도 하고, 친구들도 만날 겸 해서 조금 일찍 가기로 했다. 버스에 오른다. 약간의 돈이 든 지갑과 주민등록증, 수험표 말고는 아무 것도 가진 것이 없기에 라디오를 듣는 것 말고는 딱히 할 것이 없다. 라디오에서 나오는 노랫가락이 용케도 엔진 소리에 묻히지 않고 내 귀에까지 도달한다.

늘 걱정하듯 말하죠, 헛된 꿈은 독이라고
세상은 끝이 정해진 책처럼 이미 돌이킬 수 없는 현실이라고
그래요 나, 난 꿈이 있어요. 그 꿈을 믿어요, 나를 지켜봐요
저 차갑게 서 있는 운명이란 벽 앞에 당당히 마주칠 수 있어요

'거위의 꿈' 이다. 가사 한 마디 한 마디가 왠지 모르게 가슴에 와 닿는다. 누가 신청한 곡인지는 알 길이 없지만, 참으로 적절한 선곡이다. 신청보다도 아마도 PD가 수능날이라는 걸 감안하여 골랐을 것이다. PD들의 타이밍 맞추는 동물적 감각, 부럽다. 어쨌든 라디오에 고마운 마음

이 들었다.

'거위의 꿈'이 끝나고, 버스는 어느덧 시험장에서 가장 가까운 정류장에 다다랐다. 버스에서 내린다. 시험을 보는 학교까지 가려면 사람들이 적은 길을 잠시 걸어야 한다. 느리게 걸으면서 조금 전에 들었던 '거위의 꿈'을 작게 불러 본다. 눈물이 난다. 마지막 날인 만큼, 지금까지 준비해 온 것이 있는 만큼, 마지막 문제까지 최선을 다해야겠다고 생각한다. 그렇게 수능을 준비하는 고3 생활의 마지막 하루가 시작되었다.

2

마지막 시험의 끝을 알리는 종이 울린다. 아홉 달 동안 쉴 새 없이 달려온 수험 생활에 드디어 마침표가 찍힌다. 지난 아홉 달 동안 늘 상상하고 기대하던 순간이다. 나를 감싸고 있던 긴장의 동아줄이 한순간에 사라져 버린다. 힘이 쭉 빠진다. 나는 이제 자유인이다. 이제 하고 싶은 걸 마음껏 할 수 있다. 근데 젠장, 이거 너무 허무하잖아. 그렇게 몸부림쳐도 풀리지 않던 매듭이 이렇게 쉽게 풀려 버리다니. 어쨌든 그렇게 나는 수능의 마지막 순간을 맞이했다.

집에 가도 된다는 감독관의 허락이 난 후 난 가방을 챙겨 밖으로 나왔다. 난 친구들과 함께 용산역으로 가서 저녁을 먹기로 했다. 가끔 영화 볼 때나 이럴 때 친구들과 용산역을 가곤 해서 거기로 갔을 뿐 특별한 의미가 있는 곳은 아니었다. 여느 날처럼 식당에 들어가서 밥을 먹고 있는데, 스마트폰을 가지고 있던 친구가 '답이 나왔다'며 호들갑을 떤다. 나는 몹시 궁금해 친구의 스마트폰을 나꿔 채려 하자 친구들은 집에 가서 보라며 화를 낸다. 그래도 난 친구의 스마트폰을 빼앗았다. 친구들의 궁시렁거림을 뒤로 한 채 수리영역 뒷부분의 심화 미분과 적분 '다섯 문제' 답만 재빨리 살펴봤다.(2011학년도 수리영역 가형 마지막 다섯 문제는 선택과목 '미분과 적분' '이산수학' '확률과 통계' 중 하나를 선택해서 푸는 방식이었다. 2012년부터는 수학교육과정 개편으로 선택과목 체계가 사라졌다.) 9월 모의고사에서도 한 문제밖에 못 맞춘, 그래서 고3 마지막 한 달 동안 미친 듯이 노력한 단원이었기 때문이다. 다행히 다섯 문제 중에서 네 문제를 맞혔다. 안도의 한숨이 나왔다. 시험을 잘 봐서라기보다 대학 입시에 앞서서, 일단 내가 정한 목표를 달성했다는 것에서 너무 기뻤다.

저녁을 먹고 잠시 웃고 떠들다 난 친구들과 헤어져 역 밖으로 나왔다. 올해도 어김없이 수능시험 문제와 답이 적힌 석간신문이 배포되고 있었다. 신문을 집어 들고는 버스를 탔다. 다행이 빈자리가 있었다. 버스가 흔들려 멀미가 났지만 용케 참아가며 자리에 앉은 채 신문지에 인쇄된 깨알 같은 글자를 조금씩 읽어 내려가며 기억과 대조해 본다. 수리가 81점이었고, 다른 세 영역 모두(신문에 탐구 영역 답은 없었다) 그럭저럭 점수가 잘 나온 것 같았다. 조금 안도감이 들었다.

집에 들어와 난 간단하게 샤워를 하고 편안하게 TV 앞에 앉았다. 열 시가 넘어가자 몇몇 사교육 업체에서 실시간 예상 등급컷을 내놓기 시작했다. 그런데 수리 1등급컷이 78점이란다. 난 의심했다. 왜 수리 1등급컷이 78점밖에 안 되지? 확인에 확인을 거듭하면서 난 너무나 놀랐다. 아직 표본이 부족해서 그러려니, 시간이 지나면 조금씩 올라가겠지, 하고 생각했다. 하지만 '수리 1등급' 칸에 쓰인 숫자는 시간이 지나도 80을 넘지 못했다. 내가 생전 처음으로, 그것도 고등학교 마지막 시험인 수능에서 수리 1등급이 나온 것이다. 그리고 다른 과목도 모두 1등급이다. 말로만 듣던, 전설의 존재인 줄로만 알았던 '올 1등급'이 나에게 찾아왔다.

전문계 출신으로 수능 올 1등급 찍다

난 전문계 고등학교 출신이다. 내가 만약 인문계 출신이라면 수능 1등급을 받은 학생들이 부지기수여서 그다지 희소성이 없겠지만 전문계이기 때문에 드문 케이스에 속한다. 그래서 난 개인적으로 더 자부심을 느낀다.

나는 중학교 3학년 1학기 때까지만 해도 그냥 인문계 고등학교나 갈 생각이었다. 고등학교 하면 으레 인문계였지, 전문계가 어떤 학교인지조차 잘 몰랐다. 그냥 실업계 정도로 여겼으니까.

그러나 난 전문계교를 선택했다. 그 이유에 대해서는 나중에 따로 얘기하겠지만, 그런 선택이 오늘의 나를 만들었다. 만약에 그때 그대로 아무 생각 없이 여느 친구들과 어울려 인문계 고등학교로 진학했으면 어떻게 되었을지 지금도 가끔 상상하곤 하는데, 아무래도 지금보다는 못했을 것 같다는 생각이 든다. 인문계를 비하하려는 것이 아니니 오해하지 마시길. 내가 다닌 전문계 고등학교가 나한테 너무나 잘 맞았다는 의미이다.

내가 다닌 고등학교에서는 취업을 우선시하는 일반적인 전문계 고등학교와 달리 수능을 보아 전문계 특별전형을 통해 대학에 진학하는 경우가 더 많았다. 다만 어디까지나 전문계 고등학교인 만큼 수업 시간 중 상당부분은 전공수업일 수밖에 없어서, 언어, 수리, 외국어와 같은 과목들을 공부하는 시간은 줄어들 수밖에 없다. 그러니 인문계 중심으로 만들어진 수능시험에서 전문계 출신이 인문계 출신에게 뒤지는 것은 어쩌면 당연하다. 그래서 전문계 학생이 진학하려면 수업 외에 추가로 공부를 더 하는 수밖에 없다. 학원의 도움? 많은 학생들이 학원의 도움을 받았다. 하지만 나는 학원에 다니기가 너무너무 싫었기에, 모든 과목을 나 혼자 알아서 공부하는 수밖에 없었다. 그런데 바로 이 혼자 공부하는 과정에서 겪었던 것들이 지금 생각해보면 참 소중한 경험이라 누군가에게 꼭 들려주고 싶었다. 꼭 따라하라는 것이 아니라 이런 공부법도 있으니 참고하라는 의미에서. 그래서 이 책을 쓴다. 내가 여기서 전문계를 강조하는 것은 전문계 출신마저도 혼자 공부하여 이런 성적을 낼 수 있는데, 하물며 인문계 출신에게는 나보다 훨씬 쉬울 거라는 점에서다. 그리고 나중에 얘기하겠지만 난 머리가 좋은 것도 잘난 것도 없는 중간층이라는 점이다. 일류대 수석합격자의 판에 박힌 소감, 학원 안 가고 혼자 공부했어요, 처럼 쳐다보지 못할 나무가 아니라 바로 당신 자신이 나다. 소위 중간에서 고만고만 하는 아이가 어느 날 맘 잡고 공부하여 수능 올 1등급을 받았다, 이러면 당신도 해낼 수 있다는 것 아닌가. 그런 점에서 전문계를 다소 강조했다고 해서 다른 의미로 받아들이지 않길.

전문계고교로 진학한 이유

고등학교를 진학할 때 전문계를 선택한 것은, 결과론적으로든 학교생활 과정으로든 내가 할 수 있는 최선의 선택이었다. 나는 고등학교 선택을 앞두고 정말 고민을 많이 했다. 나는 중학 시절 유난히 컴퓨터를 좋아했다. 그래서 하루 종일 컴퓨터만 할 수 있는 학교가 없을까 생각했었다. 컴퓨터에 푹 빠진 것 말고는 난 정말 매우 평범한 축에 드는 아이였다.

아마도 이 글을 읽는 학생들이나 학부모들이 가장 관심이 많은 과목은 수학일 것이다. 일류대 교문의 열쇠를 쥐고 있다는 그 결정타, 수학. 그런 수학에서 난 인수분해가 어려워 50점대 성적도 받아본 그런 학생이었으니 알만 하지 않은가. 내가 그때까지 보낸 12년의 학교생활 중에서 중학교 때의 성적이 가장 낮았던 것 같다.

내가 다니던 중학교는 정말 최악이었다. 내가 살던 서울 강남 지역의 중학교로 일반화시켜도 괜찮을 것 같다. 두발 제한은 말할 것도 없고, 학원이 너무나 일반화되다보니 선생님들도 어차피 학원에서 다 배웠을

거니까 학교 수업을 대충대충 하는 상황이 벌어지기도 했다. 외고, 과고 가겠다고 설치는 애들도 당연히 있었고, 얼굴에 새하얗게 분칠을 해 놓고 남자화장실을 들락거리는 여자애들도 있었다. '저게 재밌나? 왜 저러고 살지?' 싶을 정도로. 한마디로 정의하자면 '충격과 공포, 억압과 상실의 시대' 정도로 요약할 수 있지 않을까.

초등학교 때부터 컴퓨터에 빠져 살던 난 중학교 1학년 2학기 때 친구들과 함께 자그마한 게임 사이트를 만든 적이 있다. 그때 게임을 직접 만들 실력은 못 되어 이곳저곳에 올려 있던 웹 게임을 가져다가 돌리는 정도였지만. 물론 그 게임을 돌리는 작업은 모두 내가 했다. 그런데 친구들이 점심시간만 되면 학교 도서실에 놓인 후진 컴퓨터 앞으로 달려갔다. 내가 만든 그 게임을 하기 위해서였다.

학교에서 게임한다고 선생님께 안 혼나느냐고 생각할지 모르지만 이 게임은 겉보기에는 일반 인터넷 사이트와 다를 바가 없어서 선생님께서 게임한다고 생각할 일이 없었다. 그렇기에 내 사이트는 일종의 호황(?)을 누렸다. 이렇게 난 아마 중학교 3학년 초까지는 재밌게 살지 않았나 싶다.

중학교 2학년 때 있었던 일이다. 친구들에게 내가 만든 사이트에 대해서 알려주려고 사이트 주소가 적힌 쪽지를 건네주다가 선생님께 걸렸다. 이걸 본 선생님께서 '친구에게 사기를 치고 있는 것 아니냐'며 교무실로 오라고 했다. '거짓말 하면 학생부에 보내겠다'고 엄포까지 놓으시며 선생님은 이 사이트를 네가 만든 게 맞느냐며 다그치기 시작했다. 선생님께서 이미 들어가 보신 것이다. 나는 그렇다고 대답했다. 하지만 선생님은 내 말을 믿지 않으셨다. 하는 수 없이 나는 태연하게 사이트의 관리자 전용 페이지를 열어서 보여드렸다. 이걸 눈으로 직접 확인하신 다음에야 선생님은 더 이상 이 사이트에 대해 말씀을 하지 않으셨다.

아마 이건 중, 고등학교 학생들이 다반사로 겪는 조금 아픈 단면이라고 생각한다. 무언가 업적을 만들어 내는 것은 당연히 자랑스러워 할 일이고 칭찬해줄 만한 일인데, 의심을 받는다는 현실 말이다. 나도 예외는 아니어서 확인되기 전에, 확인되기까지 과정 역시 매우 힘들지만, 먼저 의심부터 받았다. '네가 감히 이런 사이트를 만들었을 리가 없다' 는 느낌. 조금 과장된 해석이지만 그저 중학교는 고등학교로 진학하기 위한, 고등학교는 대학교로 진학하기 위한 목적밖에는 남지 않은 듯한 기분이었다. 다양성은 눈 씻고 찾아봐도 없는, 그저 경쟁에서 남을 이기기 위한 것들만을 가르치는 학교가 되어 버렸다는 것이 굉장히 안타깝다.

이런 상황에서 내가 선택할 길은 없어보였다. 컴퓨터를 맘껏 하게 하는 학교. 아, 내가 진학할 고등학교의 선택 조건이 하나 더 있었다. 두발 규제. 나는 머리를 학교에서 정해준대로 자르는 것이 몹시 싫다. 머리 하나 맘대로 못하다니. 그래서 나의 고등학교 선택 조건은 어떻게 하면 머리를 안 자르고 컴퓨터를 배울 수 있을까, 였다. 이때 한 친구가 나에게 '두발은 자유이고 컴퓨터도 배울 수 있다' 며 한 전문계 고등학교를 추천해 주었다. 아이러니하게도 그것이 이 고등학교와의 첫 인연이었다. 그는 나의 구세주였다.

물론 처음에는 전문계 고등학교 진학에 대한 막연한 불안감이 없었던 것은 아니다. 혹시 대학을 못가서 인생의 낙오자가 되면 어쩌나 하는 노파심도 들었다. 이 글을 읽는 여러분이 전문계에 대해 흔히 가지고 있는, '실업계' 따위의 인식과 크게 다르지 않았을 것이다. 어쨌든 컴퓨터를 많이 배울 수 있다는 것(실제로 1학년 때에는 주당 8시간, 2학년 때는 주당 9시간의 실습 시간이 있었다)과 대학을 편하게 갈 수 있다는 고등학교 선생님들의 작은 약팔이(?)에 넘어가 이 학교를 안 지 채 몇 달이 안 되어 지원을 하게 되었다. 음, 그리고 내가 전문계를 선택함에 있어서 '이 곳이 좋다' 하는 생각보다도 '인문계 고등학교에서 머리 잘리며 지내기는 싫다' 는 반항심 또한 약간은 작용했던 것 같다.

고등학교 선생님들이 말씀하였던 '컴퓨터' 와 '편하게 대학 가기' 는 어느 정도 사실이었다. 그렇다고 해서 대학을 목적으로 전문계 고등학교에 들어가지는 말자. 수준 이하의 짓이니까. 하지만 단순히 그것만이 아닌, 그것 이상의 아름다움이 나를 반겨주었다. 나의 탁월한 선택에 대해서는 다음 장에서 이야기해보도록 하자.

너무도 재밌던 나의 고교 생활

1학년

공부

'이제 고등학교 올라가니까 열심히 공부해야지'라고 다짐은 멋들어지게 해놓고 정작 제대로 된 공부는 하나도 안 한 듯한 1년이다. '안한 것 같은' 이유는 뭔가 한 것 같은데 남는 게 별로 없어서. 여담이지만 나는 고등학교 올라가면 3년 내내 공부만 해야 되는 줄 알았다.

그래도 학교 수업은 열심히 들었다. 내가 수능이 끝나고도 영어 독해 실력을 어느 정도 유지할 수 있는 건 이때 배웠던 문법 기초에 대한 수업 덕분.(이 문법 기초에 대한 이야기는 이 책의 공부법 편에 실려 있다.) 수학 수업은 정말 열심히 들었는데, 다 듣고 나니까 남는 게 정말 하나도 없더라. 결국 고등학교 2학년 겨울방학에 고등학교 1학년 과정을 처음부터 끝까지 다시 공부했다. 어렴풋하게나마 들어뒀던 것이 있어서 다시 공부할 때 좀 쉽긴 했겠지만, 이럴 거면 왜 수업을 들었을까 하는 생각도 해보곤 한다.(과거는 항상 아쉽기 마련인 것 같다. 하긴, 그렇지 않으면 과거가 아니지.)

전공

웹(인터넷) 분야 쪽 동아리에 가입해서 활동했다. 학교에 나오는 토요일에 진행하는 동아리 활동 시간 외에도 매일 방과 후에 교실에 남아서 선배들이 후배들에게 관련 지식들을 전달하는 수업을 진행했다. 나는 그 동아리에서 '웹 표준'과 '웹 접근성'에 대한 수업을 관심 있게 들었다. (아마 컴퓨터 분야에 관심이 덜한 사람이라면 생소한 개념이라고 생각한다.) 2학년 때에는 이 동아리를 나와 같은 분야의 다른 동아리에서 활동했지만, 이 때 익혔던 지식들은 지금도 유용하게 써먹고 있다.

2학년 공부는 성숙기, 전공은 전성기

공부

1학년 때와 마찬가지. '수능 대비'라는 단어를 벌써부터 접하기에는 너무 이른 것 같았기에, 수능특강이라거나 하는 수능 교재들은 일절 보지 않았다. 뭐 좀 건방지게 보일 수도 있겠지만 고등학교 2학년 때 내가 한 것이라고는 정말로 학교 수업 열심히 들은 것뿐이다. 조금 더 했다고 하면 정규 수업이 끝나고 진행되는 '방과후 학교' 수업 뿐. 야간자율학

습 역시 한 번도 하지 않았다. 야자 같은 걸 하면 내가 학교에 얽매이게
되는 느낌이랄까, 기분이 찜찜해서 '한번 해 보자'는 친구들의 성화에
도 꿋꿋이 버텨냈다.

　방과후 학교는 수학과 영어 과목을 중심으로 수강했다. 학교 수업을
아무리 열심히 듣는다고 해도 그것만으로 모의고사를 대비하기에는 한
계를 느낄 수밖에 없었다. 학교 수업 내용과 모의고사 난이도 사이의 간
극을 좁히는 방법으로 많은 사람들이 학원을 택했지만, 나는 그 방법으
로 '방과후 학교'를 선택한 것이다. 친숙한 선생님들과 함께 하고, 방학
중에도 웬만하면 학교에서 '방과후 학교'를 수강하다 보니 에피소드도
참 많이 생겼다. 냉난방이 안 되어서 교실을 옮겨가며 수업한다던가, '겨
울방학 방과후 학교'가 시작하는 첫날에 폭설이 내려 사실상 개인지도
를 받은 일이라던가, 종강하는 날에 선생님이 간식을 사주신 일이라던
가. 학원에 다녔으면 이런 것들은 없었겠지. 내가 늘상 선생님들을 사랑
하라고 말하는 게 괜히 그러는 게 아니다.

전공

1학기가 시작한 직후인 3월 말부터 나는 '대상'을 목표로 다른 2명과
힘을 합쳐 연말에 있을 교내 소프트웨어 공모전을 준비하기 시작했다.
작품의 완성도, 기술적 난이도, 기획의 창의성 등을 모두 평가했기 때문
에 전체적인 기획을 하는데 시간이 꽤 걸렸다. 6월이 되어서야 개략적

인 기획서를 완성했고, 여름방학에 들어가면서 본격적인 개발에 돌입했다. 우리가 만들기로 한 작품은 '참여형 백과사전'으로, '학교대사전'이나 '백과사전(Uncyclopedia, 백과사전이 아님)'처럼 단어의 뜻을 비틀어 전달한다는 기본 콘셉트 위에 사용자가 단어의 정의 만들기에 직접 참여할 수 있는 시스템과 사용자가 올린 정의를 세대별로 비교하는 시스템을 붙인 것이다. 목표가 목표이니만큼 한 학년 내내 굉장히 공을 들인 작품이었다.

여름방학을 지나면서는 개인 자격으로 제출할 작품 개발을 시작했다. 트위터나 페이스북, 싸이월드 등 인터넷의 지나친 '소셜화(Social化)'에 반발하는 '비공개 블로그'의 콘셉트를 가진 작품이었다. 작품의 이름이 '사물함'이었는데, 이름에 맞게 자신의 블로그에 다른 사람이 접근하려고 하면 네 자리의 비밀번호를 입력받는 기능을 넣기도 했다.

2학기에는 전공과목에서 '같은 반 5명이서 팀을 만들어 교내 공모전에 작품 제출'이라는 무지막지한 수행평가를 받아, 결국 하나의 공모전에 3개의 작품을 동시에 제출하게 되었다. 확인한 바는 없지만 아마 신기록이 아닐까?

대회에 작품을 제출하고 발표를 마치자마자 2학기 기말고사가 시작되었기에, 작품 3개를 동시에 개발하면서 기말고사까지 대비하느라 그야말로 눈코 뜰 새가 없었다. 작품 제출 마감 전날 저녁에는 작품설명서를 마무리하느라 새벽 4시까지 깨어 있기도 했다. 그렇게 공을 들인 덕분인지 대상을 노렸던 작품에게는 대상이, 혼자서 개발한 프로그램에게는 동상이 주어졌다. 자세한 액수는 밝히지 않지만, 전교생을 대상으로 한 대회에서 총 상금의 10% 가까이를 한 개인이 독차지했다는 건… 음!

　연말에는 학교 특별활동부 선생님과의 합작으로 학교 동아리를 인터넷으로 관리하는 시스템을 만드는데 온 힘을 쏟았다. 이 일로 이듬해 3월까지 참 많이도 교무실을 들락거렸다. 이 시스템을 만든 지 3년째가 되는 2011~2012년 겨울에도 나는 이 시스템을 업그레이드하기 위해 열심히 개발을 하겠지. 졸업한 학교와 이렇게 연을 이어간다는 것이 어떻게 보면 좋은 일이기도 하고, 매년 겨울마다 이 일을 하다 보니 힘들기도 하고 그렇다.

고3 시절 나의 멘토

나의 수험생 시절 멘토는 아이러니하게도 실존하는 인물이 아니다. 한 축구 애니메이션에 나오는 캐릭터이다. 스포츠 애니메이션이라고는 하지만 불꽃슛 따위의 필살기가 오가는 소년만화라서 축구라고 하기에는 좀 유치하다. 여가를 즐기는 용도로, 마음가짐을 새롭게 하는 용도로만 보도록 하자.

나의 멘토는 주연으로 나오는 축구팀의 골키퍼이자 주장을 맡고 있는 캐릭터이다. 여기서 이름은 밝히지 않기로 하자. 그도 사생활이 있을 테니까. 그는 대책 없이 긍정적이고, 무한한 노력파이다. 무언가 걸림돌이 있다고 해도 그는 항상 '노력하면 다 잘 될 거야' 하며 끊임없이 노력하고 연습한다. 축구를 매우매우 좋아해서, 강한 상대가 나타나면 좌절하기보다 '저런 대단한 선수와 맞설 수 있다는 것이 좋다' 며 도리어 승부욕이 불타오르는 독특한 성향을 가지고 있다.

나는 고등학교 3학년 여름이 시작될 즈음에 이 애니메이션을 접했다.

유치한 듯 화려한 이런 류의 만화를 좋아하기도 해서, 당시 쉬는 시간을 포함한 모든 여가시간을 이 만화 섭렵에 투자했다. 그래서 1주일에 80편 가량을 몰아 보기도 했고, 반복되는 문제풀이의 연습인 고3 생활에서 좋아하는 만화를 보는 것이 삶의 낙이기도 했다.

별로 간섭은 안 하셨지만 부모님도 적잖이 걱정하시는 것 같았다. 그러나 이 멘토가 왜 좋은지에 대해 따로 설명을 드리지는 않았다. 머리를 식히려고 그러는 것으로 이해하려고 노력하시는 눈치였다.

그러나 난 달랐다. 만화를 보고 나서는 나도 그 캐릭터가 된 듯한 기분이 들어서 '공부가 좋다'고 자기최면(?)을 걸며 열심히 문제를 풀기도 하고, 문제 잘 풀고 나면 무슨 골이나 넣은 듯이 좋아하기도 했다. 한창 때는 어땠냐면, 수학 문제를 만나면 공식들과 푸는 과정 하나하나를 필살기 쓰는 것처럼 크게 말하면서 풀기도 하고("ad−bc 분의 1 괄호 열고 d a −b −c 괄호 닫고!") 맞추면 "오케이 맞췄다!" 하고 소리를 지르기도 했다. 아이 부끄러워라. 근데 그러다 보니 정말로 공부에서 재미를 느낄 수 있었다. 자기 최면을 진짜라고 착각하고 있었는지, 진짜로 공부가 재밌었던 것인지는 아직도 잘 모르겠지만 새로운 것들을 하나하나 알아간다는 것, 생각하면서 이해해가는 것이 정말 즐거웠다. 물론 가끔 너무 푹 빠져 중간에 끊고 공부에 들어가기가 쉽진 않았지만 나 스스로와 한 약속마저 어긴다면 아무 것도 이룰 수 없다는 의지를 다지며 용케도 잘 구분해서 대처한 것 같다. 그래서 '노력하면 안 되는 것이 없다'가 고3 시절의 내 신조였다. 또 매 편마다 등장인물의 입을 빌려 교훈이 되는 명

대사를 날려 줌으로써 무한한 노력이 필요했던 당시의 나의 처지를 환기
시켜 주기도 했다. (^^) 여기에 그 명대사 몇 개를 옮겨 본다.

"승리를 강하게 바라는 사람에게, 승리의 여신은 웃음을 지어준다."
"믿어주는 동료가 있는 한, 난 몇 번이고 일어설 거야!"
"포기하지 않으면, 반드시 기회는 온다."
"진정한 힘은, 노력해서 손에 넣는 것이다."
"우리들의 가장 강한 필살기는, 마지막까지 포기하지 않는 마음이다."

　명대사들을 쭉 보고 있으면, 노력의 중요성이나 포기하지 않는 것의 중
요성을 주로 이야기한다. 이따금 팀워크에 대한 내용도 나오는데(당연하지,
축구는 11명이 뛰는 거니까!) 개인주의에다가 무한경쟁시대인 현대 사회에
적용하기란 쉬운 일이 아니다. 그런 부분은 감안하면서 보도록 하자.
　물론 그도 작품 속에서 항상 용기가 있었던 것은 아니다. 하지만 그
때마다 그를 붙잡아준 것은 같은 목표를 위해 함께 걷는 사람들(경쟁자
가 아니다)이었다. 경쟁자가 아닌, 서로 함께 할 수 있는 친구를 많이도
말고 몇 명 정도 사귀어두길 조언한다.
　공부를 진심으로 좋아하는 사람은 거의 없을 것이다. 그리고 '피할 수
없으면 즐겨라' 하는 뻔한 이야기를 하고자 하는 것도 아니다. 공부를,
수능을, '다음 시합에서 만날 상대'라고 생각하라. 다음 시합에서 이기
기 위해 전술을 고민하라. 필살기를 만들어라. 그리고 승리하라.

내가 EBS를 선택한 이유

내가 수능에서 올 1등급을 받는데 있어서 일등공신은 누가 뭐래도 EBS 다. 내가 이 글을 쓰고 있는 요즘 『바보야 문제는 EBS야 : EBS 수능 외국어영역 교재의 치명적 오류들』(정재영 지음, 퍼플카우 펴냄)이라는 책이 화제가 되어 일부러 사서 읽어보았는데, 정말 공감하는 부분이 많았다. 이 책은 외국어 영역의 EBS 교재의 오류들을 적나라하게 지적하고 있었다. 하지만 이 책은 결국 연계율 70%라는 현실을 무시할 수 없다면 EBS 교재의 문제점과 특징을 알고 효율적으로 수능을 대비하자고 제안했다. 동의한다. 이 말은 오류가 있더라도 효율적인 수능 준비를 위해서는 달리 선택의 여지가 없다는 말일 터, 결과이지만 나의 EBS 선택은 잘 한 일이라는 것을 보증해주는 듯 싶었다. 내가 수능에서 올 1등급을 받은 것 말고 효과를 증명할 또 다른 뭔가가 필요한가.

고등학교 2학년 때의 나는 그랬다. '뭘 가지고, 어떻게 공부를 해야 수능 때 좋은 성적을 얻을 수 있을까?' 문제집의 홍수 속에서 나는 그저 휩쓸려 떠내려가는 미아 같았다. 내가 EBS를 처음 만난 것도 솔직히 자의가 아니었다. 처음에는 학교 선생님께서 EBS 문제집으로 공부하자 하셔서 수동적으로 끌려갔을 뿐인데, 그런데 그런 나에게 EBS는 든든한 버팀목이 되어 주었다.

처음 시작은 누구나 그렇듯 '연계율 70%' 라는 광고문구가 달콤한 떡밥이 되어 내 시선을 사로잡긴 했었다. 또한 누구나 EBS를 공부할 만한, 공부 해야만 할 상황이기도 했다. 하지만 주어진 교재를 어떻게 규정하고 이용하느냐는 전적으로 내 자신에게 달려있으므로 이 부분에서는 할 말이 좀 있다. 내가 EBS에 '올인' 했던 몇 가지 더 특별한 이유 말이다.

내가 EBS에 올인하였던 첫 번째 이유는 '체계적인 커리큘럼' 이었다. 여러 출판사의 문제집을 그때그때 골라 공부하는 것보다는 공통된 가치를 일관되게 유지하는 데는 한 출판사의 과정을 따라가는 것이 낫다고 판단하고 있었는데, EBS 교재가 그런 면에서 가장 적절하다는 생각이 들었다.

EBS 커리큘럼은 '기본 개념→섹션(단원)별 완성→유형 분석→실전문제풀이' 순으로 방송과 연계되어 잘 짜여 있어서 믿고 따라가면 된다고 판단했었기 때문이다. 이 선택은 어떤 문제집을 선택할 것인가를 놓고 고민에 고민을 거듭해야 하는 수고 역시 많이 덜어 주어서 이래저래 탁월한 선택을 한 것 같다. 실제로 수험 생활 1년간 내가 EBS 외에 구입한 교재는 기본문제집과 고3 후반에 잘못 구입한 실전모의고사 문제집밖에 없다.

'어줍잖은 사교육보다는 질이 나을 것' 이라는 평소 내 생각도 한 몫

했다. 실제로 이 생각은 맞아 떨어졌다. 못 풀 만하거나 오류가 있는 문제가 없지는 않았다. 그래도 대부분 '변별력'을 명분으로 똥 같은 문제들을 출제하는 사교육 문제집보다는 나은 수준이었다.

물론 수능 연계용으로 쓰기에는 문제의 질이 떨어진다는 지적도 없지 않은데 틀린 말은 아니라고 본다. 하지만 연계 2년차였던 2011년에는 '직접 연계 비율 증가'를 표방하여 교재의 질 향상을 위해 검토요원 강화, 정오표 제공 정책 등을 실시했고, 이 기조가 유지되는 2012년에도 품질 향상을 위한 노력은 지속될 것으로 보인다.

그리고 마지막으로, EBS 교재 하면 빼놓을 수 없는 하나, 바로 '가격'이다. 예전보다는 많이 비싸졌고, 지금도 가격이 계속 올라가는 추세라고는 하지만 그래도 아직은 다른 교재와 비교하면 매우 싼 편에 속한다. 나는 수험생활 9달 동안 책 40권 사면서 EBS 교재비로 25만원 남짓 들었다. 이거 말고는 뭐 배우는 데 투자한 돈은 거의 없었다. 한마디로 가격 대비 성능비 즉 '가성비'가 좋다는 이야기이다.

이밖에도 더 있을 수 있지만 너무 EBS를 홍보하는 것 같아 이쯤에서 그만하고, 뒤가 캥기기는 하지만 어쨌든 나는 덕을 많이 본 것 또한 부인할 수 없는 사실이다.

결론은 특별히 EBS 교재가 아니더라도 체계적으로 커리큘럼을 관리하면서 자신과 잘 맞는 참고서라면 굳이 EBS를 고집할 필요는 없을 듯 싶다. 하지만 연계율이 자꾸 맘에 걸린다. 그럼 어쩌라고? EBS면 충분해?

EBS에 올인했던 이유

EBS 교재를 선택했으면 일단 EBS에 올인하는 것이 좋다. 교재의 질 문제와는 별개로 이 문제집 저 문제집 전전해봐야 앞부분만 도가 틀뿐다 도로아미타불이 되기 때문이다.

EBS 교재가 특히 주목받는 것은 알다시피 연계율 때문이다. 기왕 공부하는 것 연계율이 높은 교재를 선택하는 것은 너무도 당연해 그 가치에 대해서 따로 언급할 필요조차 없다. 그런데 이왕지사 선택한 EBS 교재라면 '최종병기 활'로 활용하는 것이 좋다. 연계율이 연계율인지라 이것을 아예 무시할 수는 없다. 하지만 '연계율 70%'를 떠나서 EBS의 1년 동안의 커리큘럼을 꾸준히 일관되게 파면 그것을 다 따라간다는 것 자체만으로도 근본적인 실력 향상에 도움이 된다. 무엇보다 수능 문제를 출제하는 기관인 한국교육과정평가원의 출제 방침은 EBS와 연계하기 전이나 연계하고 있는 지금이나 달라지지 않았다. 그들은 그냥 '고등학교 교과과정을 충실히 이수한 자라면 충분히 풀 수 있는 문제를 출제'한다는 원칙 아래에서 노력하고 있을 뿐이다. '연계'라는 것이 상당히 달콤하게 느껴질 것이다. 하지만 중학교 시절 기말고사처럼 수능 문제가 뻔하게 출제되는 것이 아니라는 것을, 어떤 특정한 교재를 푼 사람에게 특권을 주고 있지 않다는 사실을 알아야 한다.(대부분은 이미 알고 있을 것이다. 인정하기 싫을 뿐. 2011학년도 수능이 끝나고 발생한 '체감 연계율' 논란은 여기에서 기인한다.) 내가 치렀던 2011학년도 수능의 경우 외국어영역의 연계율은 두드러졌지만 다른 영역에서는 그다지 체감 연계효과가 높지 않았다. 하지만 연계율에 신경 쓰기보다는 처음부터 실력 향상을 위해서 공부한다는 자세로 임했던 것이 큰 효과를 거두는 밑거름이 되었던 것 같다.

주변에서 EBS 교재를 수능에 연계하기에는(혹은 그 교재를 사용해서 공부하기에는) 문제가 많다는 지적이 있다. 앞에서도 『바보야 문제는 EBS야 : EBS 수능 외국어영역 교재의 치명적 오류들』 얘기를 했듯이. 하지만 이런 지적에 대해 내가 느낀 바를 언급하지 않을 수 없을 것 같다.

이 얘기는 두 가지로 정리할 수 있다. EBS 교재의 문제 질은 시중에 나와 있는 '실전모의고사'라는 이름의 문제집들보다는 훨씬 깔끔하다. 시중에 나와 있는 사설 문제집들은 변별력의 탈을 쓰고 공식들을 수십 번 꼬아서 생산해낸 문제들에 불과하기 때문에 실력 향상에도 도움이 되지 않을 뿐더러 온갖 종류의 꼼수들을 익히는 정도밖에는 도움이 되지 않는다고 나는 생각한다. EBS 교재에도 간혹 가다 정말 이상한 문제들(해설을 봐도 납득이 되지 않는)이 있긴 하다. 하지만 그리 많지 않으므로 걱정하지 않아도 된다.

두 번째는 수험생들이 바라는 것처럼 'EBS 문제의 질을 수능 문제' 처럼 만들기에는 시간과 비용이 폭풍같이 많이 들어간다는 현실적인 문제를 감안해야 한다는 사실이다. EBS가 수백 명의 선생님을 투입하여 격리 합숙을 시켜가며 문제를 출제하는 한국교육과정평가원 수준의 무결점 문제를 내기에는 애시당초 불가능에 가깝다. 물론 무결점이 되도록 최대한 노력해야 하는 것은 맞지만 그렇다고 평가원 문제와 진배없는 문제를 만들어야 한다는 당위는 성립하지 않아 보인다. 혹자는 공영방송의 공적 책임이라고 할지 모른다. 그렇더라도 EBS도 일반 사설 출판사와 크게 다르지 않다. 교재를 출판 판매하는 출판사 그 이상도 이하도 아니다. 평가원이 낸 기출문제들은 교육과정이 바뀌더라도 두고두고 우려먹는 반면, EBS는 최근에서야 EBS 기출문제들을 웹 사이트에서 서비스하기 시작했다. EBS가 아닌 문제집은 기본 공식들과 다양한 유형들을 중심으로 다루는 기본 문제집에 한정하는 게 좋다. 굳이 위험을 무릅쓰고 소개하면 내 경험으로는 '수학의 정석'과 '쎈' 시리즈가 꽤 괜찮았던 것 같다.

EBS 교재의 단계별 특징

EBS 교재는 다양한 형태를 띠고 있다. 기본 개념을 담은 것에서부터 실전 문제에 이르기까지 수능시험을 체계적으로 준비할 수 있도록 설계돼 있다. 물론 그 체계적이란 것이 얼마나 질을 담보할 수 있는지에 대해서는 나의 짧은 소견으로 평가를 내리기가 어렵지만 적어도 내가 경험한 바에 따르면, 믿고 따라도 된다.

하기야 시중에 나와 있는 그 어떤 문제집도 다 체계적이고 효율적으로 만들어지지 않은 게 있으랴마는, EBS 교재는 수능시험과 연계율이 무려 70%나 된다고 하지 않은가. 그렇다면 좌고우면할 것 없다. 눈 딱 감고 EBS를 일단 선택하자. 선택한 EBS 교재의 특성을 파악해보자.

■ 수능특강

EBS '수능특강'은 수능을 준비하면서 EBS 교재를 주력으로 삼지 않는 학생도 대부분이 보는, 그야말로 수험 생활의 시작을 알리는 교재이다.

EBS 교재는 크게 '수능특강', '수능완성', '파이널 실전모의고사' 등 세 교재가 강의의 중심축을 이루는데, 그 중에서도 특히 수능 기본서의 성격을 띠고 있으면서 모든 과목의 거의 모든 내용이 수록되어 있는 것이 바로 '수능특강'이다. 그러므로 수능특강은 문제뿐만 아니라 개념 정리 또한 해놓고 갈 수 있는 장점이 있다. 또한 파트별로(언어영역 문학 편에는 운문/산문, 비문학 편에는 주제별로) 나누어져 있어서 원하거나 또는 취약한 부분을 먼저 푼다든가 할 수 있어서 처음부터 해나가야 하는 부담을 크게 덜 수 있다. 전체 단원 수는 영역별 50강 정도로 편성되어 있는데, 하루에 1강씩 풀면 한 달 반 정도에 끝날 수 있는 분량이다. 또 한 단원의 양이 영역에 따라 다르긴 하지만 보통 10문항 내외로 부담 없는 양이어서 나는 하루에 영역별로 2강씩 푸는 것을 추천한다. '하루에 여섯 단원(영역별 두 단원씩)은 너무 힘들다' 싶으면 1강씩 풀어도 상관은 없다.

동영상 강의의 경우에는 대부분의 내용을(특히 개념 부분과 문제 푸는 요령 등을) 짚고 넘어가기 때문에 문제 푸는 속도보다 강의 듣는 것이 많이 걸려 속도를 느리게 한다. 이를테면 하루에 한 단원씩 풀어서 한 달 반만에 책거리를 했는데, 동영상 강의는 세 달에 걸쳐서 올라온다던가 하는 식으로 말이다. EBS의 대부분의 교재가 방송용 교재이긴 하지만 꼭 방송이 있어야 풀 수 있다던가 하는 것은 아니다. 따라서 강의 듣기에 너무 집착할 필요는 없고, 꼭 필요한 단원, 혹은 취약한 영역 중심으로 강의를 듣는 것을 추천한다.

■ 인터넷 수능

EBS '인터넷 수능'은 섹션별 문제집으로, EBS 수능 교재 라인업에서 중심축은 아니지만 그 나름의 역할을 담당하고 있는 교재라고 할 수 있다. 아예 단원별로 책이 나눠져 있고, 그 책마다 문제 수도 꽤 많다. 난이도도, 유형도 다양하게 구성되어 있으므로, 한 권을 마스터했다면 아마 그 단원에 대한 문제들은 거의 다 섭렵했다고 봐도 괜찮을 것 같다. 다만 2010학년도에는 있었던 '인터넷 수능 수리영역'이 2011학년도에 들어서부터는 사라졌다는 것이 수험생 입장에서는 약간 아쉬울 것 같다. 문제의 질은 내가 보기에는 그렇게 좋은 편은 아니라고 생각했다.(그렇다고 나쁘다는 것도 아니다.) 출제하고 검토하는 인력이 메인 교재인 '수능특강' 계열에 몰려 있어서, 인터넷 수능은 가끔씩 '더 낼 것이 없는데 머리를 쥐어짜 낸' 문제들이 보이기도 한다. 기왕이면 모든 문제를 푸는 것이 가장 좋긴 하지만, 그런 문제들은 쿨하게 무시하고 넘어가는 것도 괜찮다.

동영상 강의는 개인적으로 추천하지 않는다. 그저 문제풀이 강의일 뿐인데다, 강의 수도 만만치 않다. 강의를 들어야 할 정도로 많이 틀렸다면 '수능특강' 같은 개념 중심의 강의를 한 번 더 보는 것이 차라리 낫다.

■ 수능완성

2010년까지의 '10주 완성'이란 타이틀을 달았다가 '수능완성'이란 타이틀로 개편되어 나온 교재이다. 고등학교 3학년들의 여름방학을 주로 담당하는 교재라고 보면 된다. 수능완성은 수능특강보다는 문제의 비율이 조금 더 높아진 모습을 보이고 있는데, 수능에서 출제되는 다양한 유형의 문제에 적응할 수 있도록 설계되었다.

'수능완성'이 '10주 완성'이던 시절엔 나처럼 문제를 집중적으로 푸는 친구들에게는 실제로 많은 도움을 주기는 했다. 수능완성 역시 단원 수가 좀 바뀌었을 뿐 전체적인 모습은 10주 완성과 비슷한데, 진짜로 '10주 완성'을 하다가는 다른 교재를 풀 시간이 모자라게 되므로 최대한 빨리 끝내는 게 상책이다. 내가 고3이던 2010년에는 '10주 완성'이 10단원으로 나누어져 있어서, 친구들 사이에서 '10일 완성'으로 불렸고, 실제로 나는 10일 만에 '10주 완성 언어/수리Ⅰ/수리Ⅱ/외국어' 모두를 끝냈다. 빨리 끝내는 대신 수험 생활 후기에 들어가서 복습을 하게 될 경우에는 이 교재를 중심으로 하면 효과를 볼 수 있다.

이 교재의 강의는 가능하면 틀린 문제 위주로 듣는 것이 좋다. 아는 문제에 대한 해설은 들어서 손해날 건 없지만 시간 싸움을 하는 수험생에게는 득 될 게 없는 시간 낭비일 뿐이다. 이때부터는 정말로 시간은 금이다.

■ 고득점 N제

EBS 교재 중에서 나를 가장 실망시킨 것을 꼽으라면 단연 '고득점 N제'이다. EBS 교재가 다른 사교육 업체의 문제집보다 전체적으로 문제의 질이 높다고 평가 받지만 '고득점 N제'는 예외인 것 같다. 다른 EBS 교재보다도 치밀함이나 정교함에서 질이 약간 떨어지는 게 사실이

다. '변별력'을 외치면서 문제를 '지저분하게' 내는 사교육 업체의 느낌
이랄까. '인터넷 수능'과 마찬가지로 중심 교재가 아니어서 출제위원
수가 적은데다가, 난이도를 높이기 위해 문제를 지나치게 꼬아 냈기 때
문이라고 나는 생각한다. 그래도 EBS 교재에서 얼마 없는 고난이도 문
제들을 모아 낸 책이니만큼 한번쯤은 풀어 보도록 하자. 난이도를 한 마
디로 표현하자면, 풀다가 스트레스 만땅?

외국어영역 고득점 N제는 다른 교재와 다르게 문제가 '세트'를 이루
고 있는 것이 특징이다. 수능 외국어영역 독해 문제 수와 같은 33문제를
한 세트로 해서 시간을 재며 문제를 풀 수 있다. 여태까지 문제를 느긋
하게 꼼꼼히 보고 풀었다면, 이제는 '쫓기면서 풀어 봐'라는 긴장감을
느끼게 해주는 효과가 있다. 이것은 EBS 입장에서도 좋은 시도이고, 수
험생 입장에서도 자신의 실력을 시간으로서 평가할 수 있으니 좋지 않을
까 생각한다. 이런 기회는 '파이널 실전모의고사' 외에는 흔치 않으므
로, 꼭 45분짜리 타이머를 맞춰놓고 33문제씩 집중하여 풀도록 하자.

동영상 강의는? 글쎄. 안 들어봐서 잘 모르겠다. 틀린 문제 위주로 보
는 것이 가장 좋지 않을까 생각한다.

■ **파이널 실전모의고사**

파이널 실전모의고사는 EBS 수능교재 중심축에서 마무리를 담당하는
교재이다. 2010년까지는 실제 수능 문제지 크기와 비슷하게 위로 넘기
는 방식으로 나왔으나, 2011년에는 어찌 된 일인지 일반 책으로 출판이

되었다. 개인적으로는 수능문제지 크기와 비슷하게 출판된 것이 수능 분위기를 느낄 수 있어서 더 좋았는데, 아쉽다.

총 9회분의 실전모의고사를 담고 있는 이 파이널 실전모의고사는 '시간을 잴 필요가 없을 만큼 어렵다'고 하는 사람들이 꽤 많을 만큼 난이도는 높은 편이다. 특히 수리영역은 더해서, 계산이 복잡한 문제가 꽤 많다. 하지만 (역시나) 언어영역 50문제, 수리영역 30문제, 외국어영역 50문제를 온전히 담은 책은 처음이니만큼 시간을 재면서 풀어보도록 하자.(시간을 넘겼다면 '문제가 어려워서'라고 하면 되고, 제시간 안에 풀었다면 '내 실력이 올랐군!' 하고 감탄하면 된다.) 푸는 동안에 다른 사람의 방해를 받지 않도록 하는 것이 특히 중요.

동영상 강의는 역시나 틀린 문제 위주, 중요 문제 위주로 보도록 하자.

■ **기출플러스**

기출문제집이긴 하나 회별로 정리가 되어 있는 것이 아니라 내용별, 단원별로 정리가 되어 있는 것이 특징이다. 따라서 시간을 재면서 풀기엔 조금 무리가 있다. '수능 문제는 이렇구나, 여태까지 이렇게 나왔구나'를 정리하는 정도로 쓰도록 하자(실제로 수험 생활 초반인 1~2월 즈음에 출판되는 교재이다).

이 교재는 언제 풀더라도 상관은 없지만, 일단 모든 개념은 다 갖추고 시작하도록 하자. 개념도 숙지하지 못한 채 기출문제를 풀겠다는 건 그냥 문제 낭비, 시간 낭비, 아무 도움도 주지 못하는 일이다.(문제는 금이다!)

이 교재와는 별개로, 최근 1~2년 정도의 수능/모의고사 기출 문제는 따로 출력하여 풀어보는 것이 좋겠다.

■ 만점 마무리

수능 직전에 출판되는, 3회분이 들어있는 봉투형 모의고사집이다. 문제지부터 OMR카드까지 수능과 거의 흡사하게 만들어져 있다. 난이도는 상당히 어려움을 넘어서 복잡하게 꼬여 있는 것들이 꽤 된다.

약간 호불호가 갈리는 교재이기도 하다. '수능의 분위기를 익히기 위해서 풀자'고 하는 사람이 있고, '연계도 안 되고, 문제도 복잡한데 이걸 왜 푸나' 하는 사람도 있다. 개인적으로는 전자의 손을 들어주고 싶다. 물론 연계가 안 되고 문제도 복잡하다는 의견에는 동의하지만, 나의 경우에는 만점 마무리 수리영역 점수가 수능 수리영역 점수와 거의 비슷하게 나왔다. 봉투형이라서 그런지 문제 난이도가 수능과 비슷해서 (2011학년도 수능은 상당히 어려웠다)인지는 모르겠으나, 어느 정도의 효과는 있어 보인다. 풀 시간이 안 나는 경우에는 안 풀어도 되지만, 시간이 남는다면 한번쯤은 풀어 보도록 하자.

■ 상위 1%의 비밀

음, 다른 EBS 교재들과는 차원 자체를 달리 하는 교재다. 언어영역만 어느 정도 풀어보았는데, 수능교재 주제(?)에 주관식 문제를 출제해 놨더라. 신선한 충격을 받았다. 제목답지 않게 난이도는 '약간' 어려운 정도. '역시 주관식은 조금 부담스럽지' 하는 생각이 심리적인 부담을 만드는 것은 아닐까 하는 느낌이다. 자신이 정말로 어떤 영역에서 상위 1% 안에 든다고 생각하거나, 색다른 느낌의 문제를 풀어 보고 싶다면 추천. 다만 호불호가 많이 갈릴 듯해서, 자신과 맞지 않다면 정말 최악의 EBS 교재가 될 수도 있겠다.

EBS 강의, 반드시 들어야 하나

EBS 교재를 선택한 많은 학생들의 한결같은 고민은 관련 강의를 어떻게 들어야 하는가 하는 문제다. 참고서나 문제집을 수십 권 이상 풀어야 되는 수험생 입장에서는 교재 한 권마다 강의가 수십 강씩 딸려 나오는 것들을 전부 다 보기에는 매우 힘들다. 그렇다고 모르는 문제의 풀이만을 보기에는 보는 시간 자체도 들쭉날쭉할 뿐만 아니라 중간중간 나오는 팁 따위를 놓치기가 매우 쉽다. 그렇다면 어떻게 해야 할까? 내 경험을 바탕으로 매우 효율적인 인터넷 강의 활용법을 소개해보겠다.

첫째, 취약 과목을 중심으로 기본 강의만 들어라.

언어나 외국어 3등급 전후와 같이 어정쩡하게 나오는 등급은 어느 정도의 지식은 대강 다 알고 있을 것이므로 혼자서 해도 충분할 것이다. 다만 언어/외국어가 그 미만이거나, 수리 3등급부터는 해당 과목이 취약하다는 표시일 수 있으므로 그 영역의 기본 강의 정도는 들어주는 것이 여러 가지로 도움이 된다.(언어/외국어 등급컷보다는 수리영역의 등급컷이 훨씬 낮기에 하는 이야기이다.)

둘째, 완강하라.

많은 학생들이 시간 부담 때문에 필요한 부분의 강의만 들으려고들 하는데, 이건 그렇게 좋은 방법은 아닌 것 같다. 스케줄은 양심에 안 찔리는 선에서, 지킬 수 있는 한 자신 나름대로 짜도 상관없겠지만 이왕 다 듣기로 한 강의라면 꾸준히, 모든 강의를 끝까지 듣는 것은 굉장히 중요하다. 출연하시는 선생님이 하시는 농담 한마디까지도 일단 다 듣는 것이 좋다. 그렇게 듣고 나면 나름대로의 성취감이 밀려오는 것과 동시에 이어질 공부들에 대해서도 어느 정도 동기 부여가 되기 때문이다.

셋째, 교사 출신 선생님의 강의를 들어라.

EBS 강의 중에는 유명 사설학원에서 활약하는 이른바 '스타 강사' 들이 하는 강의가 있고, 학교에서 교사로 계신 선생님들이 참여하는 강의가 있다. 주로 EBS에서 내세우는, EBS+1으로 방송되는 주 강사들이 이런 분들이다. 수익이 목적인 스타 '강사' 들의 강의와 달리, '선생님' 들은 사명감으로 무장되어 있는 경우가 대부분이다. 또한 선생님으로부터는 지식뿐만 아니라 은연중에 마음의 자세까지도 배우는 경우가 많으므로, 되도록이면 사교육 출신보다는 공교육에 몸담고 계신 선생님들의 강의를 보는 것이 좋을 것이다. 이게 일거양득 아닌가. 공부도 하고 인간도 되니까 말이다.

교육과정평가원은 신과 같은 존재이다

한국교육과정평가원은 고등학교 3학년이었던 나에게는 마치 신과 같은 존재였다. 이유를 한 마디로 설명하자면, 정보 공개나 문제 출제 등 수학능력시험에 대한 모든 분야의 전권을 가지는 기관이기 때문이다.

평가원은 복수정답이나 보안에 대한 논란의 소지를 최소화하기 위해서 출제위원 전체가 합숙하면서 문제를 출제하고 검토한다. (가끔씩 학교에 어떤 과목 선생님이 한 달간 학교를 쉬신다던가 하는 경우다.) 수능 시험이 모두 끝나고서야 출제위원들을 합숙 장소에서 해방시킨다는 기사를 아마 매년 말마다 봐 왔을 것이다. 진위 여부는 확인되지 않지만 출제위원 중 한 명의 가족이 사망해서 '몇 시간 안에 돌아오겠다'는 각서를 쓰고 보안요원들과 함께 장례식을 다녀왔다던가 하는 이야기들도 아마 들어본 적 있을 것이다.

교육과정평가원은 '로피탈 정리'나 '케일리-해밀턴 정리'와 같이 교육과정 밖에서 나오는 내용은 최대한 자제한다. 오히려 '로피탈 정리'를 쓰면 더 꼬여버리는 문제도 내고 있다. 또한 극도로 복잡한 계산이 나오는 문제도 웬만하면 내지 않는다. '산수 실력'을 평가하는 것이 아니라 '수학 실력'을 평가하는 시험이니 말이다.

언어영역이나 외국어영역의 경우에는 딱히 정량적으로 정해진 기준이 없어 푸는 사람에 따라 다소 주관적으로 받아들여질지도 모르겠지만, 대체적으로 교육청에서 출제하는 모의고사보다는 평가원에서 출제한 문제가 좀 더 간결하고 명확한 느낌이다. 선택지의 의미가 애매하다거나 하는 경우를 교육청 모의고사를 보면서는 종종 겪었을 것이다.

뭐, 매번 일정한 난이도로 문제를 출제하는 것에는 평가원이 연달아 실패하고 있다. 2011학년도 수능에서는 난이도가 매우 어려워 '불수능' 논란이 일었으며, 이에 혼쭐이 난 평가원은 2012학년도 수능에서 '만점자를 1% 선에서 맞추겠다'는 공약을 했으나 여기에도 사실상 실패했다는 평이다. 이런 상황에서는 내가 수험생이어도 사뭇 불안하게 느낄 것 같다. 하지만 평가원은 첫 수능부터 지금까지 매년 모의평가와 수능을 출제해 왔으며, 수능 이외에도 각종 공인시험을 출제해 온 기관이다. 나름대로 공신력 있는 기관이다. 사실은 믿기 싫어도 믿어야 한다(슬픈 진실). 안 믿으면 어쩔 건데! 그래도 우리나라 공공기관 중에는 제일 믿을 만하지 않나 하는 개인적인 생각이 있다(이것도 진실이다).

반면 교육청에서 출제하는 모의고사는 사실은 '학력평가'에 불과하다.(2012년에 출제하는 평가원 모의고사는 '2013학년도 대입수능 모의평가'이고, 교육청 모의고사는 '2012학년도 X월 전국연합학력평가'인

것만 보아도 알 수 있다.) 물론 어느 정도의 질은 확보해야 하겠지만, 평가원의 그것처럼 논란의 여지가 없고 확실한 문제를 출제해야 한다는 의무 사항이 교육청에게는 없다. 혹시 모의평가 기출문제를 풀어야 할 일이 생기면, 무조건 우선순위를 '평가원 모의평가'에 먼저 두는 것이 좋다.

그러니 수능 전 마지막 모의고사인 10월 모의고사는 차치하더라도, 4월이나 7월 모의고사에서 점수가 잘 나오지 않았다고 해서 너무 낙담하지는 말길 바란다. 그냥 표준점수나 좀 보고 '내가 이 정도에 있구나' 하고 감만 잡도록 하자.

전부 맞추겠다고? 그건 아니지, 버릴 건 버려라!

수능을 준비하다 어느 정도 자신감이 생기면 이상한 과욕과 씨름하게 된다. 물론 이런 과욕이 성적 향상에 도움이 된다는 사실은 부인할 수 없다. 의욕보다 더 좋은 보약은 없을 테니까. 하지만 수능을 코앞에 둔 수험생이라면 이런 이상적 목표보다는 현실적 목표에 충실하는 것이 필요하다.

선생님이나 부모님이 흔히 하는 충고 중에 '결과는 목표보다 항상 못하다'는 게 있다. 아마도 수능준비생에게 가장 현실적인 조언이 아닌가 싶다. 이와 관련하여 내가 여기서 하고 싶은 말은 전부 다 맞추겠다는 욕심을 버리라는 것이다.

물론 만점을 목표로 하지 말라는 것은 아니다. 만점을 목표로 할 수 있으면 하는 게 좋다. 다만 평가원 기출 문제 중 정답률이 한 자릿수 초반인 문제(다른 영역도 마찬가지이지만 특히 외국어영역의 경우)나 자기 능력으로 해결되지 않는 최상급 난이도 문제들에 너무 많은 시간을 낭비하지 말라는 의미다. 이런 것까지 다 해결하고 가려면 많은 시간이 필요하기 때문에 대세에 지장이 없다면 이런 문제들은 과감히 건너뛰는 실용적 전략이 필요하다는 말이다. 그래서 틀리더라도 어느 정도의 복습 말고는 하지 않는 것이 좋다.

아, 그렇다고 문제 겉만 보고 지레짐작으로 문제의 난이도를 판단한 뒤에 풀지 밀지를 결정하라는 얘기는 아니다. 당연한 얘기지만 그렇게 하면 실력이 늘 리가 없다. 일단 모든 문제를 풀어보고, 틀린 경우 해설을 꼼꼼히 읽어보면서 체크를 한다. 그리고 자신의 힘으로 이해를 하려고 충분히 시도한 뒤, 그렇게 해도 도저히 안 되겠다 싶은 문제들만 제쳐 두라는 말이다.

그래서 앞에서 말한 '결과는 목표보다 항상 못하다' 는 말의 속뜻은 '목표를 높게 가지고 높은 목표를 향해서 노력해야 자신이 원하는 결과를 얻을 수 있다' 가 아닐까 한다.

요령 아닌 공부하는 요령

먼저, '공부하는 요령'이란 말에 너무 현혹되지 않길 바란다. '요령'이란 말이 자칫 '적은 노력으로 최고의 점수를 받는 비결'이란 뉘앙스로 다가가기가 십상이어서 이것만 알면 된다는 오해를 불러일으킬 수 있기 때문이다. 더욱이 그 마법과 같은 '요령'이란 것이 정말 존재한다면 이 땅의 수험생들이 실패할 이유가 없다. 다만 선배의 경험으로 참고할 만한 것쯤으로 생각하고, 효율성을 높이는데 필요한 정보쯤으로 받아들인다면 외려 큰 믿음에서 오는 허탈감보다 훨씬 마음이 편할 것이다.

■ 틀린 문제 처리하기

수험생에게 있어 문제 하나하나는 금과 같다. 따라서 틀린 문제를 어떻게 요리하느냐가 굉장히 중요하다. 복습이나 이후 당신의 실력에 큰 영향을 미치기 때문이다.

많은 사람들이 '오답노트'를 쓰라고 권한다. 하지만 나는 오답노트를 쓰지 않았다. 왜? 문제 베껴 쓸 시간에, 풀이 베껴 쓸 시간에 한 문제라도 더 풀 수 있기 때문이다. 대신 내가 선택한 방법은, '무엇을 골랐는지 모르게 하기'였다. 채점하면서 풀던 그 교재 위에 표시만 해 두면 그만이었다. 어쨌든 간에 당신이 그 문제를 나중에 다시 풀 수만 있다면 되는 거 아닌가? 음, 아직 잘 이해가 안 되는 당신을 위해 조금 더 자세히 설명해 주겠다. 예를 들어 이런 문제가 있다고 하자. 답은 누구나 알다시피 ②번이지만, 당신은 계산 실수로 ③번을 답으로 골랐다. 이렇게.

1. $4^{\frac{3}{2}} \times \log_3 \sqrt{3}$ 의 값은?

① 5   ② 4   ● 3   ④ 2   ⑤ 1

채점을 하면서 틀린 것을 알게 된 당신은, 이제 남은 ①, ②, ④, ⑤번 보기에 ③번에 했던 것과 같은 표시만 해 두면 끝이다!

● 5   ● 4   ● 3   ● 2   ● 1

자, 처음 풀 때 몇 번을 답으로 골랐는지는 이제 상관없고, 기억할 필요도 없다. 중요한 건 다음에 복습을 할 때 이 문제를 다시 틀리지 않는 것이다. 대충 감이 오는가? 문제를 다시 풀 때 기억이 나지 않을까 하고 우려하는 친구들도 있었다. 걱정은 붙들어 매시라. 수험생의 공부

양이면 문제 하나하나의 세세한 내용은 금방 잊어진다. 사흘에 한 번씩 복습한다거나 하는 것만 아니면야. 꾸준히 공부를 하는 수험생이라면 두 번째로 문제를 풀 때에는 실력이 전보다 나아져 있을 것이다. 그런데도 또 틀리면 위의 오답처리법과 함께 문제에 별표를 한다거나 해서 나중에 한 번쯤 추가로 더 보길 바란다.

■ 집중력 : 공부의 흐름에 나를 맡겨라

집중력의 기본은 '한 단원의 공부는 끊지 말고 한 번에 이어서 하기'이다. '한 단원'의 양은 자신이 '이정도면 쉴 때가 됐다' 하고 느낄 정도의 양을 말한다. 나 같은 경우에는 상황에 따라 다르지만 대략 20~30문제 정도였다. 수험생 초기라면 짧아도 무방하지만 후반으로 갈수록 공부하는 절대량이 늘어나면서 집중 가능한 시간이 자연스럽게 길어지는데, 개인적으로는 집중 가능한 시간을 수리영역의 수능시험 시간인 100분 정도까지는 늘릴 것을 권한다. 식사나 다른 것들을 하는 시간과 공부 시간이 불가피하게 겹치게 될 때가 많은데, 이럴 때에는 하고 있는 한 호흡의 공부를 마친 뒤에 하는 것이 좋다. 이것이 '이것만 마저 풀고 할게'의 생활화이다.(나의 수험생활 1년 동안 이 말을 수도 없이 했다. 으히힛)

단, 실제 시험 시간과 비슷한 수준까지 집중하는 시간을 끌어올리면 심신 모두 에너지를 많이 소모하게 된다. 그러므로 공부하는 시간과 쉬는 시간을 확실히 구분함과 동시에, 노는 것이 아닌 쉬는 시간을 어느 정도 이상은 확보해 두는 것이 좋겠다. 쉬는 시간에는 무엇을 해도 상관

없지만, 일단은 공부가 우선이므로 되도록 다음 공부 시간에 영향을 덜 미치는 쪽이 낫겠다.

■ 집중력 방해꾼과의 싸움

수험 생활에서 물리치기 힘든 몇 가지 유혹이 있다. 정말 멀리 하고 싶어도 가까이 하게 되는 것들, 멀리 하기엔 너무 가까운 당신들, 휴대폰이나 MP3, 그리고 졸음이 그 대표적이다. 해서 여기서는 그것들과 어떻게 지내야 하는지 내 나름의 대처법을 설명하겠다.

· 휴대폰

대부분의 수험들에게 휴대폰은 몸에서 떼려야 뗄 수 없는 일심동체다. 휴대폰을 내 몸에 지니고 있지 않더라도 눈앞의 손 뻗는 안에라도 가지고 있지 않으면 슬슬 불안이 엄습해온다. 그렇다고 딱히 연락 올 곳이 있다거나 긴박한 용무가 있는 것도 아닌데, 눈앞에서 휴대폰이 사라지면 불안해진다. 막연한 불안감. 하지만 이 막연한 불안감이 공부 분위기를 더 망친다.

휴대폰 퇴치법의 가장 좋은 방법은 공부할 때엔 아예 전원을 꺼 놓는 것이다. 공부할 땐 잊어버리고 쉬는 시간에 켜서 점검하는 방법 말이다. 그런데 이 방법은 쉬는 시간을 멍하게 앉아있기보단 알차게 보낼 수 있게 해준다는 점에서 적극 추천할 만하다.

아예 전원 끄기가 너무 가혹하다고 생각되어 곁에 모셔두고 싶다면 기왕지사 공부에 도움이 되도록 활용하자. 가령, 공부 도중에 문자나 카카

오톡 메시지가 왔다고 하자. 그럼 대부분이 즉각 반응이다. 머리는 아직 문자가 왔나 확인하는 중인데 이미 손가락은 휴대폰의 화면을 터치하고 있지 않은가. 상황이 그렇다면 공부의 흐름을 끊어 놓는 것은 당연지사. 그래서 문자나 카카오톡 메시지가 왔다는 신호음이 들리더라도 조금만 정말 조금만 참고 자신이 하기로 한 '한 호흡'의 공부를 끝마치고 나서 본다.

이 정도의 팁은 누구나 다 알고 있다고? 실천이 어렵다고? 그렇지만 반드시 실천해야 한다. 그리고 '이것만 마저 다 풀고 보자. 내가 문제를 빨리 잘 풀수록 문자를 빨리 볼 수 있다.'는 마음가짐을 가짐으로써 외려 '문자 메시지 보기'라는 당근을 한 호흡의 공부를 꼭 하게 하는 미끼로 삼자. 어려운 말로 쓰면 전화위복. 이렇게 달리는 말에 한 번 더 채찍을 가하며 안 보고 참는 것도 나중엔 습관이 들어서, 집중하는 동안 휴대폰엔 아예 신경을 안 쓰게 되기도 한다. 한 가지 더, 문자 메시지로 다른 사람과 대화를 할 경우에는 되도록 대화를 끝내고 나서 다음 공부에 임하도록 하자. 많은 수험생들이 공부하면서 문자하는 것을 서로 병행하기 일쑤인데 이건 정말 독이다. 중간에 끊고 공부를 해 버리면 공부하는 당신은 대화를 못 끝낸 찜찜함만, 대화 상대는 갑자기 연락이 단절된 답답함만 남는다. 이것도 아니고 저것도 아닌 상황, 결국 두 가지 다 불만족시키게 된다. 당연한 이야기이지만 잔소리 하나만 더 추가하면, 시간을 재면서 푸는 경우(파이널 실전모의고사라거나)에는 문제를 완전히 풀 때까지 휴대폰을 쳐다보지도 말자. 무의식중에 눈이 휴대폰을 향한다면, 꺼두는 것도 하나의 방법 아닌가.

· 음악

공부할 때 음악의 필요성 문제처럼 의견이 분분한 경우는 없는 것 같다. 특히 부모님과 아이들 간에 언제나 존재하는 '음악을 들으면서 무슨 공부가 되느냐' 와 '음악을 들으면서 공부하면 더 잘 된다' 의 언쟁. 나도 그런 지적을 숱하게 받았다. 어찌 보면 이 언쟁은 부모 세대와 아이 세대 간에 벌어지는 확연하게 구분되는 세대 간 언쟁처럼 보인다. 그럼 나는 이런 문제를 어떻게 극복했을까.

사람에게는 냉철한 판단을 돕는 '이성의 영역' 과 심리적으로 집근하는 '감성의 영역' 이 별개로 존재한다고 나는 생각한다. 나는 평소의 이성과 감성의 비율은 50 : 50라고 생각한다. 여기에 따르면, 대부분의 수능 문제는 이성을 활용해서 푼다. 언어영역의 문학 부분은 예외여서 감성을 활용해야 잘 풀 수 있을 거다. 그런데 음악을 들으면서 문제를 풀게 되면, 내 경험에 비추어 보면, 크게 두 가지 현상이 나타난다. 어느 순간 음악이 안 들리게 되거나, 아니면 문제를 같은 줄만 되풀이해서 읽게 되거나 말이다. 앞(음악이 안 들리게 되는)의 경우에는 이성의 비율이 매우 높아진 상태로, 문제를 푸는 데에 완전히 몰입한 상태이다. 문제 풀다가 정신을 차려보니 한참 뒤쪽에 있던 음악으로 넘어와 버린 경우가 이런 때에 속한다. 이럴 때는 음악이 아무 소용이 없다. 있으나 없으나 상관은 없지만 진짜 수능시험 때는 음악 못 듣는다. 후자(같은 줄만 되풀이해서 읽게 되는 경우)의 경우에는 감성의 비율이 매우 높아진 상태로, 음악에 집중하느라 문제를 풀지 못하는 경우이다. 이 경우는 음악이 오히려 방해가 되는 경우이다.

그렇다면 결론적으로 음악은 별 의미가 없다는 말일 터, 집중할 땐 들리지 않아서 음악을 들을 필요가 없고, 문제의 같은 줄만 되풀이해서 읽는다는 것은 분명 문제가 아니라 음악에 빠져 있다는 것이므로, 어떤 경우에도 음악은 필요 없거나 방해가 된다.

따라서 결론적으로 말하면 음악은 공부하는데 별 도움이 안 된다. 해서 음악은 쉬는 시간에 들으면서 긴장을 이완시켜주는 것이 좋다. 이왕지사 꺼놓았던 휴대폰을 켜 문자를 보면서 말이다. 배경음악 있는 문자보기, 이거 근사하지 않은가.

· 잠

4당 5락, 3당 4락….

우리 부모 세대들이 우리를 독려하기 위해 쉽게 하시는 이 말, 참 살벌하다. 4시간 자면 붙고 5시간 자면 떨어진다, 3시간 자면 붙고 4시간 자면 떨어진다니. 이젠 이골이 나서 별 대수롭지 않게 받아들이지만, 한마디로 정리하여 이 '말도 안 되는 이야기'가 우리를 들들 볶는 소리임에는 틀림없어 보인다.

아무리 그렇더라도 사실 수험생에게 있어 잠은 매우 중요한 것임에는 분명하다. 하루가 24시간으로 정해졌는데, 공부시간을 늘리려면 뭔가를 줄여야 한다. 거창하게 말하면 제로섬 게임 아니겠는가. 그런데 하루일과 중 대부분은 필요한 만큼 정해져있는 터라 딱히 줄일 요소가 그다지 많지 않다. 밥 먹는 시간, 학교생활, 학원 등등. 그래서 시간줄임이 가장 눈에 띄는 부분은 잠자는 시간이다.

그러나 잠자는 시간을 줄이는 것은 맞지만 너무 많이 줄였을 때 문제가 생긴다. 내 지론은 기본적으로 잘 만큼 자고 깨어있을 때 집중해서 공부한다는 것이다. 많은 수험생들이 경험해보았겠지만 잠을 쪼개면서 공부할 때는 집중력이 평소만 못한 것이 사실이다. 그런 몽롱한 반수면 상태로 백날 공부해봤자 능률이 오르겠는가. 오히려 그나마 알고 있던 것도 더 헷갈리게 할 수 있다.

한 가지 더, 낮에 졸릴 때는 어떻게 할까? 개인적으로는 그냥 졸릴 때 자는 것이 낫다고 생각한다. 역시 연신 책에 인사하며 무의식적으로 문제를 푼다한들 그게 내 것이 되겠는가. 그래서 졸릴 때는 10분 정도 쪽잠을 자고 나서 가뿐한 기분으로 공부에 임하는 것이 더 효과적이다. 단 낮에 아예 낮잠을 자는 '습관'은 들이지 말자. 수능은 낮에 치러진다는 점에서 그 시간만 되면 낮잠을 자려는 습성이 정작 본 게임에서도 나타나면 도로아미타불이기 때문이다.

자, 결론적으로 공부는 낮에 집중해서 하고, 잠만큼은 충분히 자도록 하자. 한 번 더 강조하면, 잠을 쪼개 공부하거나 밤을 새지는 말자.

내게 맞는 공부계획 짜는 법

연계되는 교재 수가 조금 줄긴 했지만, 앞으로 풀어야 될 수십 권의 교재들을 보면 누구나 주눅이 들기 마련이다. 처음 하는 수험생활이 막막해 보일 수 있고, 시행착오를 겪는 것이 어쩌면 당연하다. 하지만 이런 수험생활에서 조금이나마 갈피를 잡고 시작할 수 있도록, 나의 경험을 바탕으로 어떻게 하면 효율적으로 계획을 세워서 공부할 수 있을지에 대한 몇 가지 원칙을 제시해주려고 한다.

첫째. 여러 종류의 공부를 조금씩조금씩 하라.

수험 생활동안 나의 계획표의 하루어치 칸에는 매일 대여섯 줄, 많으면 일고여덟 줄의 공부거리들이 적혀 있었다. 공부거리 하나하나는 짧으면 30분, 길어야 2시간짜리였다. 또한 같은 영역의 공부는 가급적 연속적으로 하지 않도록 했다. 바로 전체 공부 시간은 같지만 여러 과목을 조금씩 함으로서 지루함을 없애는 전략이다. 언어 A문제집 - 수리 B문제집 - 외국어 C문제집 - 언어 D문제집…과 같은 방법으로 교재를 번갈

아가며 공부하는 식이다. 한 가지 공부를 이어서 하는 방법의 반대편에
서는 이 공부 스타일은 단위 공부 시간이 짧아 '오래 한 가지에 집중하
는 건 질색이다!' 하는 사람에게 잘 어울린다. 마지막의 공부 총량은 같
지만 공부의 흐름이 다르다.

둘째. 공부 한 단위는 20~30문제 정도로 하라!

EBS의 대부분 교재는 한 강의 당 10문제에서 15문제 정도의 문항
수로 구성된다. 보통 내가 하는 '한 호흡의 공부'에는 강의 수 기준 두
강의, 문제 수 기준 20~30문제 정도가 포함된다. 시간으로 따지면 보통
한 시간 반 전후가 걸리는데, 이런 식으로 하루에 여러 문제집의 진도
를 동시에 나간다. 150문제를 쭉 이어서 푸느냐, 30문제씩 다섯 번에
나누어 푸느냐의 차이일 뿐이라고 생각할 수도 있다. 하지만 후자가 더
부담이 적고 덜 지루하고 편하다는 것은 누구나 다 알 것이다.

셋째. 복습은 주요교재를 중심으로 하라.

모든 교재를 복습한다? 물론 그러면야 더없이 좋다. 하지만 그럴 시
간은 너무나 부족해서 사실상 불가능에 가깝다. 그렇다고 복습을 하지
않을 수도 없다. 복습이야말로 효과 있는 내 지식 만들기의 종결자이기
때문이다. 그래서 최소한의 복습으로 최대의 효과를 얻으려면 복습은 '수능
특강-수능완성-파이널 실전모의고사'로 이어지는 이른바 '주요교재'를
중심으로 하는 것이 좋다. 주요교재만 해도 양이 적지 않고, 개념-유형
-실전으로 이어지는 3종류의 교재 속에 들어있는 문제들로만 해도 주
요 내용에 대한 복습은 모두 끝낼 수 있기 때문이다. (어른들의 이야기를

하자면, EBS 쪽에서도 '주요교재' 라인에 더 많은 집필진을 두기 때문에 문제의 질 자체도 더 높으리라는 것은 쉽게 예상할 수 있다.) 굳이 모든 교재를 복습하겠다면 말리진 않겠으나, '이미 해본 것'에 대한 답답함이 있기 때문에 대부분은 하나 끝내기에도 벅차므로 추천하지는 않겠다. 주요교재 중에서도 하나를 고르라면 개념과 실전 사이의, 여러 문제 난이도와 유형을 커버해주는 '수능완성'을 추천하겠다. 수험생활 후반기 복습용으로 제격이다.

공부가 좋을 때, 공부가 싫을 때

공부가 좋을 때

- 새로운 것을 알아가는 즐거움

가만히 앉아서 문제를 뜯어보고 원리를 이해했을 때나, 애매하게 알고 있던 것들을 확실히 이해했을 때 기분이 좋다. 머릿속에 돌아다니던 퍼즐 조각들이 '탁!' 하고 들어맞는 기분. 혼자서 있을 때는 가끔 소리도 지르고 웃음도 나오고. 이 글을 쓰면서 생각하는 것이지만, 다른 친구들과 내가 수능을 대하는 자세가 조금 달랐을지도 모르겠다. 다른 사람들이 공부 재미없다고 할 때 나는 히죽히죽 웃으면서 공부하는 편이었으니.

- 노력의 결실을 볼 때

단시간에 느낄 수 있는 기분은 아니다. 지난번 시험에서 왕창 틀렸던 부분의 문제를 맞닥뜨렸는데, 어떻게 문제를 풀어가야 되고 다음 식을 어떻게 써내려가야 할지 실시간으로 생각이 날 때의 기분. 많은 문제를 경험한 데에서 나오는 자신감과 익숙함으로, 머리와 손이 동시에 문제를 푸는 느낌. 시험 도중에 '으히히히' 하고 웃으면서 문제를 풀게 된다.

공부가 싫을 때

- 점수를 따기 위한 공부, 감정의 교류가 없는 공부

무언가를 알아가기 위해서, 자신의 진짜 실력을 올리기 위해서가 아닌 공부, 수능에 나오느냐 안 나오느냐, 시험에 나오느냐 안 나오느냐를 따지면서 공부하는 것이 너무너무 싫다. 교육자라는 사람이 '너희들 점수 잘 나오려면 이 부분 공부해야 해'라는 말을 서슴없이 하는 현재 상황은 정말 최악이다. 그런 의미에서 (나도 이런 글을 쓰고 있긴 하지만) 입시 위주의 공부도 많이 아쉽다. 여담이지만, 이렇게 입시 위주로 교육 풍토가 만들어져버린 와중에 독도 교육이니 역사 교육이니 운운하는 건 정말 멍청한 짓이라고 생각한다. 취지는 둘째 치고 실효성이 그야말로 0으로 수렴하는 상황이기 때문이다. 아마도 높으신 분들은 이 문제를 '독도' 과목의 입시 반영으로 해결할 것 같다. 참 대단한 해결 방법 나셨다. '기본 소양'이 도덕이나 역사가 아니라 '언수외'가 되어버리는 이 아이러니한 풍토는 어떻게든 해결되어야 한다고 본다.

너희가 집중력발휘기법을 아느냐?

– 시간을 정해 공부하라

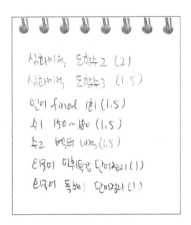

나의 고등학교 3학년 9월 어느 날의 계획표이다. 할 것들의 목록과 그
것들의 예상 시간을 괄호 안에 써 넣는 형태이다. 혹시 공부가 늘어질
때, 문제가 어려울 때를 대비해서 다소 여유롭게 시간을 짰고, 이렇게

짠 시간의 합이 열 시간 내외가 되도록 했다.(시기에 따라서 공부 시간의 합이 달라질 수는 있겠다. 나의 9월은 저 정도였다) 무슨 일이 있더라도 하루에 몇 시간 정도는 여유 부리는 시간을 두어야 한다. 마라톤도 물마시면서 뛰지 않던가.

예상 시간보다 공부가 일찍 끝나는 날도 있다. 이를테면 위의 계획표에서 할 일을 8시간 반 만에 끝낸 경우, 이럴 때도 쉬면 된다. 수험생이라는 심적 부담감 때문에 하고 싶은 걸 마음껏 하지는 못하겠지만 할 수 있는 한 쉬고 놀도록. 수험공부는 끝이 보이질 않아서 쉽게 지치기 마련인데, 하루하루 목표를 세워주는 것이 살아가는 이유를 만드는 방법이다. 주어진 목표량을 빨리 끝낼수록 쉬는 시간이 많아지기 때문에 같은 시간 안에 할 수 있는 공부의 양은 자연스레 늘어나게 된다. 아, 이렇게 해서 공부의 질이 떨어진다면 이 방법을 다시 생각할 필요가 있어 보인다.

– 공부의 흐름을 끊지 말 것

큰 일이 아니고서는 언어의 한 지문, 수리의 비슷한 유형 등은 쉬지 않고 한 호흡에 이어서 하는 것이 좋다. '수능특강'의 경우 1강 정도를 한 호흡에 한다고 생각하면 대강 이해가 되리라 생각한다. '이것만 마저 풀고 먹을 게(할 게)'의 생활화가 필요하다. 만약 중간에 흐름이 끊기면 다시 그 집중 상태에 도달하는데 시간이 걸리기 때문. 수험 생활 후반기에 '실전모의고사' 같은 것을 쉬지 않고 푸는 것도 같은 이유이다.

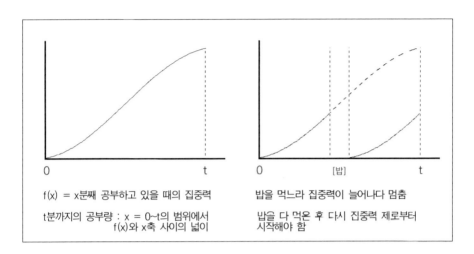

f(x) = x분째 공부하고 있을 때의 집중력

t분까지의 공부량 : x = 0~t의 범위에서
　　　　　　　　　f(x)와 x축 사이의 넓이

밥을 먹느라 집중력이 늘어나다 멈춤

밥을 다 먹은 후 다시 집중력 제로부터
시작해야 함

– 수학 시간에는 수학 공부를, 영어 시간에는 영어 공부를

학교 수업 중에 자습을 하게 될 때, 공부를 한답시고 꼭 국어 시간에 영어 풀고, 영어 시간에 국어 푸는 사람들이 있다. 비록 수업을 '듣지' 않는다고 해도 수업하는 소리는 '들리므로', 교과목과 공부 내용이 다르면 머리에서 두 과목의 생각을 동시에 하게 된다. 최대한 수업하는 과목과 공부하는 과목이 일치하도록 공부 계획을 짤 것. 또 그 와중에 시간 재고 문제를 풀었다가는 혼돈의 카오스로 빠질 수도 있으니 주의할 것.

– 문학 따로, 비문학 따로 풀 것(언어영역 한정)

개인적인 의견이지만, 문학은 감성의 영역이고 비문학은 이성의 영역이라고 생각한다. 모의고사를 풀다 보면 대개의 경우에 비문학 지문과 문학 지문이 번갈아가면서 나오게 되는데, 이 때 감성과 이성을 매번 번갈아가면서 활용하기란 쉽지 않다. 쓰기/어법까지 모두 푼 뒤에 처음 나오는 지문이 문학이면 50번까지의 문학 지문을 먼저 다 푼 뒤에 비문학을 풀고, 비문학이면 50번까지의 비문학 지문을 먼저 풀도록 하자. 이성 영역과 감성 영역의 교체 타이밍이 단 한번 뿐이므로 헛된 시간 낭비를 줄일 수 있다.

나만의 정리파일 만들기

중학교 1학년 때, 네 번의 정기고사를 치르면서 나에게 맞는 공부방법을 찾으려고 노력했던 때가 있었다. 교과서를 열심히 본다던가, 문제집을 열심히 푼다던가. 그러던 와중에 찾아낸 방법이 '교과서 내용 통째로 베끼기' 였다. 시험범위 안에 있는 내용을 나름대로 정리하면서 노트에 베끼는 것. '정리하면서 한번 공부하고, 그것을 직접 쓰면서 한번 더 공부한다' 는 생각이었다. 비효율적이라고 느낄 때가 나로서도 없는 건 아니었지만 그만큼의 효과가 있었다.

중학교 3년을 거치면서 이 방법은 나름의 형식과 노하우를 갖추었고, 고등학교에 올라가고부터는 문서로 정리를 하기에 이르렀다. 노트에 베낀 것을 다시 한번 정리해서 컴퓨터 문서화('정리파일' 이라고 불렀다) 하는 것이었다. 처음에는 나 혼자 볼 요량으로 만들었지만, 시험 날 무언가를 열심히 읽는 것을 본 친구들의 성화로 친구들에게도 '정리파일' 을 보내주는 상황이 되었다. 직접 보내주는 게 힘들어질 정도로 요청이 많아지자,

급기야는 작은 홈페이지를 만들어서 배포하기도 했다. 나름대로는 시험 전에 여유 있게 볼 수 있도록 만들려고 했지만 예상 외로 양이 많아져서 시험날 자정이 되어서야 완성이 되었던 때도 있다 (진정한 벼락치기!). 혼자서 볼 목적이었다면 몇 과목은 버리기도(정리파일을 만들지 않는다는 얘기) 하겠지만, 다른 사람들도 내 문서를 열심히 보고 있었기에 나름대로 책임감을 가지고 만들었다. 뭐, 힘들긴 했지만 그만큼 내 점수는 동반상승.

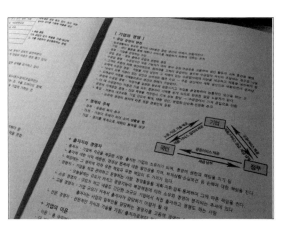

정기고사 때 만들었던 정리파일. 나만 보는 게 아니다보니 나름대로 깔끔하게 만들고자 그림도 넣고 열심이었다.

영어단어 시험을 볼 때 만들었던 것. 유사단어나 반의어 같은 것들도 모두 넣으려고 고생했던 기억이 난다.

친구들에게도 좋은 반응을 얻었다. '전교생이 네 정리파일을 다 보고 있다' 는 얘기도 한번 들은 적이 있다. 진위여부는 파악이 안되지만 어쨌든 기분은 좋았다!

3월에서 11월,
그 아홉 달의 기억

나에게 있어 수험생으로서의 1년은
'언젠가는 와야 할 시간, 또 언젠가는 지나갈 시간'이었다.
거부감을 느끼지 않았던 건 아니지만 나 자신조차도 알아채지 못한 채로
그렇게 고3이라는 운명에 적응해 버렸다.

언젠가는와야할시간
언젠가는지나갈시간

들어가며 밝히는 것이지만, 나는 고등학교 3년과 고3 수험생으로서의 생활을 '감옥'으로 생각한 적이 단 한 번도 없다. 인터넷 같은 곳에 올라온 중, 고등학교 학생들의 글 중에서는 학교를 감옥으로 묘사한 사례가 매우 많은데, 오히려 3년간의 나의 고등학교 생활은 지금 생각해도 돌아가고 싶은 시간들이다. (솔직히 수험생으로 지냈던 1년간은 조금 힘들긴 했다.)

나에게 있어서 수험생으로서의 1년은 '언젠가는 와야 할 시간, 또 언젠가는 지나갈 시간'이었다고 하면 정확할 것 같다. 공식을 외우고 무작정 문제를 푸는 데에 적지 않게 거부감을 느끼지 않았던 건 아니지만 나 자신조차도 알아채지 못한 채로 그렇게 고3이라는 운명에 적응해 버렸다.

'기본 개념 – 유형 다지기 – 실전 문제'로 이어지는 EBS의 커리큘럼은 살펴볼수록 내 마음에 들었고, 이른바 '문제집의 홍수' 속에서 이 정도라면 EBS에 나를 맡겨도 괜찮을 것 같았기에 나는 앞으로 1년 동안은 EBS에 올인하기로 흔쾌히 결정했다. 그랬기 때문에 공부 계획으로도 '1년 동안 출판되는 모든 EBS 교재를 풀고 복습하자' 고 결심한 것 이외에는 별다른 계획을 세우지 않았다.

나는 고등학교 3학년이 되어서야 수능용으로 출판되는 EBS 교재를 처음 접하였던 터여서 교재 발행 계획표에 나와 있는 교재들이 어떤 교재인지도, 얼마나 두꺼운지도 솔직히 몰랐다. 그래서 일단 기본 교재인 '수능특강' 을 풀고 나서 그때그때마다 단기 계획을 짜 나가기로 했다. 자세한 월별 계획은 다음에서 보도록 하자. 뭐, 결론적으로 모든 교재를 풀긴 했다(복습에는 실패했다).

그런데 한 가지 미리 천기를 누설하면, 수능에 가까워질수록 여유시간과 공부시간이 동시에 증가하였다. 하루의 시간은 정해져 있는데 도대체 왜 이런 기이한 현상이 일어났을까. 그건 아마도 시간을 효율적으로 쓰는 방법을 알았기 때문은 아닐까.

공부

나는 고등학교 3학년 3월에야 비로소 공식적으로 EBS 수능 교재와 인사를 나눴다. 그 전까지는 체계적인 수능 준비를 하지도 않았거니와 구체적으로 어떻게 공부할지에 대해 크게 고민하지 않았기 때문에 EBS 수능 교재에 대해 특별한 관심이 없었음은 어쩌면 당연하다. 물론 직접 대면하지도 못했었다. 단지 수능시험이 EBS 교재와 연계한다는 정도의 정보는 갖고 있었다.

언어와 외국어 선생님께서 국어와 영어 시간에 EBS 교재로 수업을 하겠다며 3월 모일까지 '수능특강'을 사 오라고 하셨다. 난 별 생각 없이 그렇구나 하는 반응이었고, 수업에 참가하려면 교재가 있어야 할 것 같아 책을 사러 서점엘 갔다.

그런데 이게 웬일인가. 서점의 진열대 한 판이 아예 EBS 교재만으로 가득 메워져 있는 게 아닌가. 난 갑자기 정신이 확 들었다. 그리고 실감했다. 아, 이제 내가 고3이구나. 그때까지 미처 자각하지 못하였던 '고

3'이라는 현실이 어느새 내 곁에 다가와 있었다. 순간적으로 굉장히 섬뜩해졌다. 직접 느껴보지 않으면 모를 것 같다. 뭐 어쨌든, 이렇게 나와 첫 만남을 가진 EBS 교재는 책의 까끌까끌한 겉표지가 마음에 들었다.

책을 쓱 훑어보았다. 내용이 굉장히 많아 보였다. 고등학교 2학년 때의 사고에서 계속 헤매는 나였다면 이 책 한 권 푸는 데 아마도 족히 1년은 걸리지 않았을까 싶다. 책 뒤표지를 열어 교재의 맨 끝 쪽을 보았다. '수고했다'는 빈말 한마디라도 있을 줄 알았던 내가 바보였다. 아무 쓸모가 없어 보이는 'MEMO'라고 적힌 페이지외, 1년간의 교재 발행 기록이 빼곡히 적힌 교재 홍보성 정보만이 있을 뿐이었다. 대충 체크를 해보니 40권 정도가 되었다. 이렇게 두꺼운 책이 40권이나 더 있다니! 아, 끔찍했다. 맙소사!

나의 예상과는 다르게, 학교 수업은 느려 터졌다. 이러다 어느 세월에 이 교재를 다 다룬담! 속이 탔다. 그래서 난 샘 파는 목마른자처럼 학교 수업과는 별개로 나만의 진도를 나가기로 맘먹는다. 이렇게 결심하고 난 머뭇거리지 않고 즉시 실행에 옮겼다. 처음에는 학교 진도나 내 진도나 별반 차이가 없었다. 그래도 묵묵히 실행하자 어느 순간부터 차츰차츰 내 진도에 속도가 나더니 학교 수업을 앞질러가기 시작했다. 그렇다고 마구마구 문제를 풀어서 가속도가 붙은 것은 아니다. 매일 언어/수리/외국어의 수능특강을 각각 1강씩 풀기로 했었다. 그나마도 안하는 날이 잦았다. 주말이라 당연히 안하고(수험생도 주말은 쉬어야 하지 않은 감!), 언어가 수업에 없는 날이면 언어 안하고, 수리가 없는 날이면 수리 안하고, 외국어 없는 날이면 외국어 안하고, 이런 식으로 농땡이도 쳤었다. 수험생활 말기와 비교하면 공부하는 것도 아닌 수준이었다. 내 공부 속도가 그런 정도였으니 학교 수업은 말해 무엇하리.

　수학은 수학2, 심화미분과 적분을 한 해에 끝내는 빠듯한 일정이었기에 그대로 수업을 했다. 삼각함수 관련 공식을 적어 주시는데, 이게 통 무슨 소린지.(이렇게 9월 말까지 심화미적 공부를 접었었다.) 나는 어벙벙 하고 있는데, 앞에서 '어렵지 않더라!' 를 외치시는 선생님한테 조금 화가 났다.

여 운

별로 하는 것도 없었다. 지금 생각하면 제대로 노는 것도 아니었고, 공부하는 것도 아니었다. 서점에 쌓여있던 EBS 교재를 보는 순간 살짝 받았던 신선한 충격의 여파가 그다지 강렬하지 못했나보다. '잉여' 롭다고 할까. 만화도 좀 보고, 음악도 좀 듣고, 오락실에도 잠깐 가고……. 나의 지각력은 아직 수험생인지 아닌지 분간 못하는 애매한 상태였던 것 같다.

【 2010년 4월 】

여전히 느릿느릿. 학교 수업도 내 진도도 모두 느려 터졌다. '수능특강'이 끝날 기미는 여전히 안 보인다. 하지만 친구와 '누가 먼저 다 푸나' 하는 (역시나 느릿느릿한) 경쟁을 한 덕에 그나마 꾸준히는 풀었다. 전체적으로 3월과 별 다르지 않게 흘러갔다. 특별히 초조감을 느끼거나 하지는 않은 것 같다. 3월의 긴장감 약발이 3월 중순으로 끝난 이후 그냥 물에 물 탄 듯 술에 술 탄 듯이었다.

공부

드디어 언어와 외국어의 수능특강을 끝냈다. '드디어'라는 낱말이 갖고 있는 뉘앙스가 이보다 더 적합할 수 있을까 싶다. 느릿느릿 소걸음도 천 릿길을 가기는 가는 모양이다. 한순간 쏜살같이 내달리기보다 조급해하지 않고 한발한발 내딛는 은근과 끈기의 힘이 대단하다는 걸 몸으로 배웠다.

이제 다른 교재로 넘어갔다. 이번엔 '인터넷 수능'을 잡았다. 이 교재 는 섹션별로 나뉘어 있어서 무엇을 먼저 푸느냐를 두고 고민을 좀 했다. 또 한꺼번에 책을 다 사면 그저 전시용이 될 것 같아서 한 권 한 권 차 례차례 나아가고자 과목별로 한두 권씩만 샀다.

언어는 당시에 가장 어려웠던 '시문학'을, 외국어는 '틀리기 쉬운 유 형'을 먼저 골랐다. 하루에 2강 정도씩 풀었다. 한 권이 24강에서 26강 정도로 구성되어 있었으니 2주 만에 한 권을 끝내는 강행군. 여담을 하 나 하자면 '인터넷 수능' 표지가 2010년도 수능 교재 중 가장 예뻤다 고 감히 말할 수 있다. 그리고 나는 '자율'로 듣는 방과후 학교 수업에서는 어김없이 가장 취약 과목인 수학을 선택했다. 그런데 수업을 듣는 친구들이 하나 둘 없어지더니 어느 날 보니 나를 포함하여 달랑 두 명만 남았다. 그래도 우리 선생님께서는 함수의 극한 문제지를 나눠주고는 꿋꿋하게 풀기 시작하셨다. 사실 나 혼자 느긋하게 풀고 싶었지만 한 시간 내내 '어렵지 않더라!'를 연발하시며 슥슥 풀어나가는 우리 수학 선생님의 열정에 내가 감동 받았나, 갑자기 내 귀가 열리고 눈이 열리더니 답이 보이기 시작했다! 아, 그때의 감동이란, 내 느낌을 고스란히 전해 주지 못해 안타깝다. '함수의 극한과 연속성'이 내가 가장 좋아하는 단원이 되었다는 사실에서 여러분도 간접적으로 그 기분을 느껴보시길.

5월 하순이었던 것 같다. 체육대회 날이었는데, 나는 학교 운동장이 보이는 건물 문 앞에 의자를 받쳐 두고 공부를 했다. 그 자리에서 언어, 외국어와 달리 아직 끝내지 못한 '수능특강 수리1, 2'의 마지막 장을 끝냈다. 그런데 나중에 들은 이야기이지만, 2학년인지 1학년인지 모를 아이(3학년은 아니라고 했다)가 운동장 코앞에서 문제를 푸는 날 보고 '미친놈이 체육대회 날까지 공부를 한다'고 했다나. 그래 난 이때 서서히 EBS 교재에 미쳐가고 있었다.

여 욱

친구가 『강철의 연금술사』라는 만화책을 학교에 가져왔다. 이름만 들어

보고 실제로 보지는 못했기에, 꼭 한번 읽어보고 싶었던 만화책이었다. 그러나 지금 내 처지가 만화책을 볼 상황인가. 하지만 보고 싶다는 간절함이 강했다. 그래서 친구더러 하루에 두세 권씩 꾸준히 가져다 달라고 하고는 학교(!)에서 꾸준히 읽었다. 현실에서 존재하지 않는 연금술이라는 것에 대한 환상이라고 할까, 정말 재미있었다. 애니메이션으로도 나왔길래 그것도 구해서 재미나게 보았다. 다른 사람들이 보면 나의 이 같은 행동에 실망을 금치 못했을 것이다. 상식적으로 고3의 행동으로 믿기지 않기 때문이다. 하지만 뭐 어때. 공교롭게도 이 해 7월 초에 10년 가까이 연재하던 이 만화가 완결되었고, 애니메이션도 동시에 종영했다. 애니메이션 마지막 방송을 생방송으로 본 건 진짜 자랑거리이다.(일본 애니메이션이기 때문에 한국에서 생방송으로 그것을 보기에는 쉽지가 않았다.) 환상적인 타이밍에 만화를 접했고, 그렇게 두 달 정도를 참으로 행복하게 보낸 것 같다.

공부

수능 모의고사가 있는 달이다. 느릿느릿 했었지만 여하튼 지금까지 공부한 것을 평가받는 기회다. 내가 이 세상에 태어나서 처음 보는 평가원 모의고사였기에 도대체 내 (성적의) 위치가 어디쯤인지, 또 내가 대학 갈 가능성이 있는지를 객관적으로 평가해볼 수 있는 모처럼의 소중한 기회였다.

그래서 난 모의고사 준비를 하기로 했다. 해서 우선적으로 취약과목인 수리에 신경을 좀 썼다. 시험 범위에 들어간 미분을 정리하기 위해 내가 선택한 수리영역 첫 교재는 '인터넷 수능'이었는데, 구체적인 내용은 '함수의 극한과 연속성/다항함수의 미분과 적분'이었다. 언어와 외국어도 '인터넷 수능'의 나머지 교재를 하나씩 구입해 풀었다.

그런데 사실 무엇을 먼저 풀었는지는 잘 기억이 나지 않는다. 다만 확실한 것은 7월 중으로 모든 '인터넷 수능'(심화미분과 적분을 제외하고) 교재를 끝마쳤다는 사실이다.

6월 10일, 드디어 모의고사 날이다. 지금도 기억나는 몇 가지가 있다. '정자로 쓰시오' 칸에 정말 감동적인 한 문장을 쓰고 왔다.

"세상이 조금씩 더 밝아지게 하소서."

이 기분이 언어영역에까지 미쳐서인지 아파트 단지로 변해버린 '꼬두메'를 떠올리고는(현대소설 지문으로 나왔던 '눈이 오면') 울컥했다. 평소에 감동적인 이야기를 보거나 듣거나 하면 난 자주 눈물을 흘리긴 하지만 아무리 그래도 시험시간 도중에까지 눈물이 나오려고 하다니……. 여하튼 아주 흔치 않은 경험이었다. 덕분에 수리영역이 생각보다 쉽게 느껴졌는데, 연계 때문은 아닌 것 같고, 생각해보니 그냥 문제가 좀 쉬웠던 것 같다. 직업탐구 영역은 사탐/과탐보다 수요가 적어서 모의고사로는 고2 11월, 고3 6월, 9월, 10월의 네 차례만 보게 되기 때문에, 이 날이 태어나서 두 번째로 보는 직업탐구영역 시험이었다. 덕분에 끝나고 많이 지쳤던 것 같다.

여 웃

지인이 소개해준 나의 수험공부 동반자, 사람들은 훼방꾼이라고 하겠지만 스포츠 애니메이션을 보기 시작했다. 아마 이 애니메이션에서 나의 멘토를 찾을 수 있을 것 같다. 아동용이라고 해도 무방할 유치한 대사와 불꽃숏 같은 필살기(?)가 난무하는 애니메이션이었지만, 수험공부에 찌

든 나에게는 이것마저도 참으로 천군만마 같은 동반자였다. 하긴 고3이
뭔들 안 재밌겠는가. 참고로 난 지금도 이 애니메이션을 재미있게 보고
있음을 고백한다.

공부

6월 모의고사 성적표가 나왔다. 2·2·2! 언어는 다소 떨어졌고, 외국
어는 올랐다. 그런데 수리가 2등급이라니, 대박(?)이 났다. 수리에서 2등
급이 나오리라곤 솔직히 예상하지 못했다. 비록 모의고사였지만 진짜 수
능에서 수리를 2등급 받은 것만큼 기쁘다. 어쨌든 따져보니 전체적으로
는 지난번보다 성적이 조금 올랐다고 할 수 있다. 친구들 사이에서는 우
스갯소리로 '콩 깠다' 는 얘기가 오고갔다.(아는 사람만 아는 이야기로,
숫자 2를 의미하는 인터넷 은어).

　어느 날 수업이 끝나고 옆반 친구가 오더니 EBS의 '10주 완성' 교재
를 보여준다. 붓글씨 느낌이 나는 표지가 인상적이었다. 10주짜리 교재
치고는 10일 완성도 가능하지 않을까 싶을 정도로 양이 그리 많지는 않
다. 지금 씨름하고 있는 '인터넷 수능' 을 얼른 끝내고 이걸 풀어야 되겠
다 싶다. '10주 완성' 이여, 기다려라, 열흘 만에 정복해 주마!

【 2010년 7월:방학 후 】

공부

이제 방학이다. 많은 사람들이 인생이 달려있다고 입을 모아 협박하는 여름방학이다. 그러니 나도 가만있을 수 없다. 며칠 쉬고 바로 '방과후 학교'를 하러 학교에 나가야 한다. 나는 역시 가장 취약한 과목인 수학만 듣는다. 그리고 세 영역 '10주 완성' 교재를 동시에 '10일 완성'에 도전한다. 수리는 하루에 약 80문제, 언어와 외국어는 하루에 2강(총 20강으로 이루어져 있었다)이 하루어치 목표다.

아침 아홉 시부터 열 시 반까지 첫 수업을 하고, 열두 시 반쯤부터 두 번째 수업이 있었기에 두 시간 정도의 여유 시간을 채울 무언가가 필요했다. 내가 선택한 방법은 '우리 반 교실에서 문제 풀기.' 칠판도 마음껏 쓸 수 있고, 우리반이다보니 편안한 분위기이기도 해서 '방과후 학교'를 하는 기간 중 8할 정도는 반에서 지내지 않았을까 싶다. 시작한 지 며칠 지나지 않아 친구들 여러 명이 모여 함께 공부하는 형태가 되었는데, '편안함을 증대시킨다'는 이유 같지 않은 이유로 반에 있는 책상을 모조리 모아서 평상을 만들기도 했다. 누워서 공부하는 것도 특별한 재미였다.

우리 학교는 야자가 말 그대로 야간 '자율' 학습이다. 별도의 학습실을 마련해 두고 신청을 받아 운영했다. 나는 집에서 하는 것이 편해서 신청을 안 하고 있었는데, 어느 날 친구가 '에어컨이 시원하다'며 가서 공부하자고 하길래 난생 처음으로 한번 가 보았다. 어땠냐구? 10분 만에 뛰쳐나왔다. 벽에는 '대학수학능력시험 D-XXX일'을 선명하게 알리는 전광판이 붙어 있었고, 거의 모든 자리에 학생들이 앉아서 공부를 하고 있었다. 수능이라는 품질 검사를 받기 위한 제품 제조 공정이라는 느낌이라고 할까. 마음에 들지 않았다. 난 그 길로 다시 우리 반으로 돌아가 공부했다.

그리고 여름 무더운 어느 날, 집에서 인터넷 강의로 '심화미적'을 공부했다. '다섯 문제 중 최소 4개를 맞히게 해주겠다'는 우리의 인강 선생님, 문제를 막힘없이 숙숙 잘도 푼다. 그런데 이 강의를 듣고 있는 내 기분이 묘했다. 뭐라고 딱히 표현할 수는 없었지만 꼭 약장수에게 홀리고 있는 기분이랄까. 문제를 푸는 인강 선생님이 꼭 나에게 최면을 거는 것처럼 보였다. 난 '이게 아닌데' 하다가 중간쯤 듣고 포기했다. 그리고 정말로 9월까지 다시 손대지 않았다.

여 유

두 번째 방과후 수업을 끝내고, 하루에 할 공부('10일 완성'의 하루어치)를 모두 마치고 나서 나는 조금의 여유를 가졌다. 친구들과 모여 둥그렇게 앉아 '마피아 게임'을 두어 시간 했는데, 깨알 같은 재미가 일품이었다. '논리뿐만 아니라 심리도 이용해야 했기 때문에' 표정 관리가 안 되어서 지는 일이 많았지만, 소소한 재미 그것 자체로 정말 행복했다.

나는 땅속으로 달려 차창 밖 풍경을 볼 수 없는 지하철이 싫어서 거의 매일 버스를 타고 하교했다. 친구들과 여유를 갖고 나서 집에 갈 때쯤 되면 해가 느긋느긋 지기 시작하는데, 한강다리를 건널 때면 으레 오른쪽에서 노란 노을이 나를 강하게 비췄다. 때로는 구름 사이로 강한 빛을 내리쬐는, '신의 계시'라고 표현할 만한 광경도 이따금 보곤 했다. 나에게 비추는 하나의 희망이었다고나 할까.

공부

8월의 여름도 나는 학교에서 보냈다. 아, 강제로 학교에 나가는 누구누구와는 다르게 나는 내 의지로 학교에 나갔다. 이때는 '고득점 N제' 시리즈를 풀었다. 언어는 20문제씩 풀어 15일 만에 완성하고, 수리는 수1-수2 순서로 20문제씩, 외국어는 시간을 재어 가며 30문제씩 풀었다. 또 '10주 완성' 시리즈의 단어를 정리하기도 했다.

　외국어 고득점 N제는 30문제를 한 세트로 해서, 총 10세트, 300문제를 시간을 재어 가며 풀 수 있도록 만들어진 교재였다. 외국어 영역 70분에서 듣기 20분과 마킹 5분 정도를 빼면 45분이 남는데, 이 시간에 독해 33문제를 풀어야 하므로 40분 안에 한 세트(30문제)를 풀 수 있도록 연습했다. 혹시 시간이 넘더라도 그만두지 않고, 다 푼 시간을 기준으로 기록했다. 처음에는 힘들었다. 42분이 나오는 날도 있었고, 가끔 45분이 넘어가는 날도 있었다. 2~3일에 한 세트씩 풀었는데, 조금씩 시간이 줄어들더니, 마지막 세트에서는 35분 전후를 기록했다. 조금씩 푸는 방법이 보이기 시작했던 것 같다.

어느 날 친구가 나에게 '사탐/과탐 고득점 N제는 있는데, 왜 직탐(직업탐구) 고득점 N제는 없느냐' 하고 불평을 한 적이 있다. 왜인지는 모르겠으나 솔깃한 나는 그에게 '직탐 N제'를 만들자고 제안했고, 그날로 사람을 끌어 모아 출제(?)를 시작했다. 나는 그 중에 '기초제도 200제'를 맡았다. 기출문제의 유형을 먼저 분석했다. 지금까지의 모든 기출문제를 출력해서 어떤 단원에서 어떤 문제가 나오는지 체크했다. 그리고 기출문제나 EBS 교재에 나오는 그림들을 재활용해서 새로운 문제를 만들었다. 제도는 나에게 다소 생소한 과목이라 출제를 잘 할 수 있을지 걱정을 많이 했다. 그런데 기출문제를 모두 섭렵하고 나자 두려움이 없어졌다. 선생님께 검토를 부탁드리자마자 선생님께서 '이런 저질 문제들로 가득한 게 무슨 수능 대비 문제집이냐'며 퇴짜를 맞긴 했지만, 여하튼 완성은 시켰고, 다섯 부를 인쇄해 친구들에게 나눠준 뒤 남은 마지막 한 부는 내 책꽂이에 예쁘게 꽂혀 있다. 문제집으로서의 인정은 못 받았지만, 나름대로 소중한 경험을

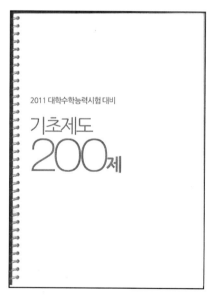

2011 대학수학능력시험 대비
기초제도
200제

직탐 N제 중 호두가 맡든 '기초제도 200제' 표지

했다. 그리고 나는 그 뒤로 기초제도 과목에서 두 개 이상 틀린 적이 없다.

여유

스타크래프트2의 베타 서비스가 시작되었다고 여기저기서 난리법석이다. 나는 전작인 '스타크래프트'도 몇 번 한 적이 없다보니 애초에는 그 난리법석에 동참할 생각이 없었다. 게임에 열중하는 친구들을 그저 무덤덤하게 바라만 보고 있었는데, 그런데 친구들이 나를 가만두질 않았다. 그들을 끝내 나를 '스타2'의 세계에 끌어들였다. '캠페인'이라고 부르는 이야기 모드를 진행하는데, 어릴 적에 아무 것도 모르면서 마구 하던 게임이 이렇게 바뀌었나! 하는 생각이 들더라. 인물의 입모양까지 한국어 대사에 맞추어 움직인다니. 우와! 다만 용케도 깊숙이 빠지지 않고 적당히 즐겼다. 어쨌든 재미있게 여유 시간을 즐길 수 있었다.

【 2010년 9월 】

공부

폭풍이 몰아치는 9월 어느 날, 나는 모의고사를 보았다. 수리 시험지엔
날씨만큼이나 무섭게 폭풍이 쳤다. 공부했던 부분들은 웬만큼 맞았다.
문제는 3월부터 접었던 심화미분과 적분 다섯 문제(26번~30번) 중 첫
번째 한 문제를 제외하고 나머지는 모두 다 틀렸다는 것. 외국어도 빈칸
채우기 문제에서 말려들어가면서 폭풍이 몰아닥쳤다. 등급은 언어 1, 수
리 4, 외국어 3. 2·2·2를 찍었던 6월 모의고사에 견주면 한참 뒷걸음
질이다. '아, 안 되겠다' 싶더라. 괜히 짜증이 몰려왔다. 방도를 찾아야
했다. 해서 사다만 두고 안 풀고 있었던 '쎈 미분과 적분', 'EBS 인터넷
수능 미분과 적분'을 시험 다음날부터 항상 가방에 넣고 다녔다. 총 14
단원으로 이루어져 있는 '인터넷 수능 미분과 적분'을 매일 한 단원씩
공부하여 '2주에 심화미적을 정복한다!' 하고 마음을 먹었다. 지금 생각
해보면, '쎈' 한권에 있는 1000개 정도의 문제를 2주에 다 풀겠다고 의
욕을 부린 셈이 된다. 공부 순서는 쎈 A단계(제일 쉬운 문제) → 쎈 B

단계(중간 난이도 문제) → 인터넷 수능 연습문제(약간 어려운 문제) → 쎈 C단계(어려운 문제)의 4단계 코스. 하루에 한 단원의 모든 문제 유형을 경험할 수 있도록 계획했다. 한 단원씩 한 단원씩 나아가면서, 그렇게 어렵다고 생각했던 문제들이 조금씩 이해가 되기 시작했다. 아, 이건 이렇기 때문에 이렇게 되는구나. 이럴 때는 이렇게 하면 되는구나. 신이 났다. 엄습해오던 왠지 모를 불안감이 안개가 사라지듯 없어졌다. 자신감도 좀 생긴 것 같았다.

2학기에 접어들자 학교 수업에서는 'EBS 파이널'을 풀기 시작했다. 'EBS 파이널'은 '실전모의고사'이니만큼 한 회씩 몰아서 푼다고 작정한 나는 학교 수업 중에는 심화미적에 올인(수험 생활 후반이니만큼 같은 과목이라면 다른 내용으로 자습을 해도 크게 말리는 일이 없었다), 집에 가서는 하루에 한 회씩 언-수-외를 돌려가며 파이널을 풀었다. 물론 시간을 재면서 풀었고, 역시 한 회 한 회 그 시간을 기록했다. 그리고 파이널 수리 '심화미적' 부분에서는 평균 3~4개의 정답을 기록했다. 장족의 발전. 2주간의 심화미적 코스가 끝나고 난 다음부터 학교에서는 기출문제를 풀었다. 역시 EBS에서 나온 '기출플러스'를 이용해서 진행했다. 단원별로 정리되어 있다는 점에서, 나에게 부족한 부분(나로서는 변화율이라던가, 함수 개형 그리기라던가, 복잡한 적분 문제들)들을 빠르게 알아서 바로잡을 수 있었다.

학교에 가지고 다니는 책이 한 권씩 한 권씩 많아지면서 나는 쇼핑백을 동원하기 시작했다. 가방에다는 계산에 필요한 이면지와 필기구만,

나머지 공부할 책들은 모두 쇼핑백에 눌러 담아 가지고 다녔다.

언젠가 선생님 한 분께서 이렇게 말씀하신 적이 있다.

"포기하지 마라. 아직 너희들은 수능까지 남은 날만큼 역전할 수 있는 기회가 남아 있다. 지금 얼마나 남았지? 한 50일 정도 남았나? 그럼 너희들은 아직 50번의 기회가 남아 있는 거야. 대신, 하루하루가 지나갈수록 기회는 하나씩 사라지니까, 남은 기회를 잘 쓸 수 있도록……."

여우

마인드 컨트롤에 힘을 쏟았다. 하루에 한 번씩 메신저의 대화명을 바꾸면서 마음을 다잡으려고 노력했다. 그 때 내가 썼던 문구들을 한번 떠올려 보자.

우리들의 가장 강한 힘은, 마지막까지 포기하지 않는 마음이다 - 어느 만화 대사

불가능은 소심한 자의 환상이요, 비겁한 사람의 도피처이다. - 나폴레옹

그렇게 주고받는 우리들의 반짝이는 미소로도 이 커다란 세계를 넉넉히 떠받쳐 나갈 수 있다는 것을 믿게 해주십시오. - 정한모, '가을에' 중에서

절대 뒤돌아보지마, 빛나는 나를 보여줘! - 어느 만화 주제가 가사 중에서

끝없는 길 위에 혼자 있어도 뒤돌아보지 않을게, 세상 하나뿐인 나만의 꿈이 있는 걸 - EBS(!) 드라마 '비밀의 교정' 주제가 가사 중에서

피할 수 없는 운명의 시간, 모든 걸 보여 줄 거야 – '포켓몬스터' 여는 곡 가
사 중에서

역전할 수 있는 기회 〉 D-50 – D-50을 맞이하며

떠나온 이 길의 마지막은 부디 웃을 수 있기를 – Peppertones의 '세계정복'
가사 중에서

your biggest dreams, they might come to reality – Peppertones
의 'Superfantastic' 가사 중에서

우선 무엇이 되고자 하는가를 자신에게 말하라, 그리고 해야 할 일을 하라
– 에픽테토스(그리스 철학자)

진인사대천명(盡人事待天命) – 인간으로서 해야 할 일을 다하고 나서 하늘의 뜻
을 기다린다는 것을 이르는 한자성어.

다음 시는 시인 고정희가 쓴 '상한 영혼을 위하여' 인데, 내가 고등학
교 2학년 겨울에 현대시 공부를 하면서 알게 된 시이다. 내가 가장 좋
아하는 두 편의 시 중 하나인데, 한 구절 한 구절이 내 맘에 쏘옥 와 닿
는다. 정말 아름답다.

상한 갈대라도 하늘 아래선 / 한 계절 넉넉히 흔들리거니
뿌리 깊으면야 / 밑둥 잘리어도 새순은 돋거니

충분히 흔들리자 상한 영혼이여 / 충분히 흔들리며 고통에게로 가자.

뿌리 없이 흔들리는 부평초잎이라도 / 물 고이는 곳에 꽃은 피거니
이 세상 어디서나 개울은 흐르고 / 이 세상 어디서나 등불은 켜지듯
가자 고통이여 살 맞대고 가자
외롭기로 작정하면 어딘들 못 가랴 / 가기로 목숨 걸면 지는 해가 문제랴.
고통과 설움의 땅 훨훨 지나서 / 뿌리 깊은 벌판에 서자
두 팔로 막아도 바람은 불듯
영원한 눈물이란 없느니라 / 영원한 비탄이란 없느니라
캄캄한 밤이라도 하늘 아래선 / 마주 잡을 손 하나 오고 있거니.

【 2010년 10월 】

공부

'기출플러스'를 이용해 기출 문제를 중점적으로 풀었다. 남은 시간이 부족해서, 외국어영역의 경우 특정한 유형의 문제를 최근 출제된 순서로 30문제만 푼다든가 하는 방식으로 오래된 문제들을 풀지 않고 건너뛰기도 했다. 기출문제 풀이를 좀 더 일찍 시작했으면 어땠을까 하는 아쉬움이 남는다. 영역별 기출문제 책에다 영역별 파이널을 다 들고 다니다보니 팔이 너무 아파서, 여행가방에 책을 넣고 끌고 다닐까 하는 생각도 해 본 적이 있다. 실제로 여행가방에 책까지 넣었는데, 정말 여행가방을 끌고 학교에 가면 정신 나간 사람 취급 받을까봐 차마 실행에 옮기지는 못했다. 여차저차 해서 기출문제를 빠르게 풀고 난 다음에는 수리영역 10주완성을 다시 10일간 복습했다. 하루에 한 단원씩, 틀린 문제만. 외국어 공부로는 '어휘/어법 150제'를 풀었다. 주위에서 '너무 어렵다'고 풀지 말라는 이야기가 있었지만, 뭐 어쨌든 간에 EBS 문제집이니까. 일주일 안에 끝내기 위해서 하루에 21문제씩, 마지막 날에 세 문제를 더 풀었다. 소문대로 정말 어렵긴 했는데, 다른 'N제' 처럼 지저분하게 어렵다기보다는 '맛있게 어렵다' 고 할까? 매운 고추장 먹는 기분이었다.

10월 모의고사에서는 언어가 떨어지고, 외국어가 급상승하는 이변이 일어났다. 외국어영역 문제 푸는 감을 깨달은 것 같았다. 교육청 문제이므로 언어에서 몇 개 더 틀린다고 해서 크게 신경 쓰지 않았다. 평가원 문제를 제외하고 대부분 문제집/모의고사의 언어와 수리는 '변별력' 을 외칠수록 문제가 '지저분' 해지는 것이 일반적이라는 생각이 든다. 언−수−외 등급이 첫항 3, 공차 −1인 등차수열을 이루었다.

여유

학교에서 친구들이 교실의 컴퓨터를 이용해 게임대회의 중계영상을 틀었다. 처음에는 '신성한 교실에서 이게 무슨 짓이냐!' 했는데, 나도 모르게 눈이 가더라. 쉬는 시간마다 열심히 보았다. 긴장을 푸는 데는 게임 만한 것이 없다는 생각이 들었다. 게임을 만든 인간의 위대함. 그러나 빠지지는 않았다. 나도 독한 놈인가 보다.

10월 14일에 새로 발매되는 리듬게임이 있었는데, 발매 전 예약판매를 하길래 한정판을 덜컥 사버렸다. 주위에서 걱정을 정말 많이 하더라. '수능이 한 달 밖에 안 남은 놈이 게임을 사?' 하면서 말이다. 그래서 나는 다른 사람들에게 '내가 수능 전에 이 게임을 하면 재수를 한다' 고 선포해버렸다. 그리고 진짜 그 약속을 지켰다. 공부하기 싫을 때마다 이 게임을 바라보면서 조금만 더 하자고 마음을 먹었다. 무슨 자린고비 생선 쳐다보듯 말이지.

수능이 끝난 다음날, 그 게임을 아예 학교에 가져가서 친구들과 함께 포장을 뜯고 게임을 시작했다.

"이봐, 난 이 정도는 한다면 하는 사람이라구."

공부

풀 수 있는 EBS 문제집을 모두 풀었다. 복습 말고는 풀 게 없어서, 서점에 가서 '실전모의고사'라고 되어 있는 사교육업체에서 발행한 봉투형 문제집을 사서 풀었다. 처음 사서 푼 문제가 너무 거지 같이 안 좋아서 새로 한 종류를 더 샀는데, 그마저도 문제가 지저분해서 그냥 포기했다. 2만 원이 넘는 돈을 날렸다. 이 돈이면 EBS 문제집이 4권인데, 그냥 예전에 풀었던 EBS 교재로 복습하기로 했다.

언어영역 복습으로는 1년 동안 출판된 지문 중 수능에 연계될 가능성이 높다고 선생님이 골라 주신 것을 다시 보았다. 수리영역은 틀린 문제를 중심으로, 외국어영역은 여태까지 나왔던 모든 지문을 다시 한 번 읽었다. 왼쪽에는 지문을, 오른쪽에는 해설을 두고서. 막바지에는 2010학년도 6월/9월 모의고사, 수능(2009년) 문제를 시간을 재가며 풀었다. '기출플러스'에서 유형별, 단원별로 이미 한 번씩 접해 본 문제지만 시험 문제 푸는 느낌으로 풀기 위해서 다시 회별로 출력해 풀었다.

【 2010년 11월 12일 】

EBSi에서 수험생을 위해 진행하는 인터넷 방송 '뻔뻔한 입시통'에서 수능 특집을 한다고 했다. 원래 이름만 알고 방송을 보지 않고 있던 나였지만, 아무래도 수능이라는 큰 시험을 앞두고 있다 보니 내 의지와는 다르게 방송을 보게 되었다. 선생님이 나오셔서 수능 시험장 가면서 준비해야 될 것들, 준비하면 좋은 것들에 대해서 설명을 하셨다. 그리고는 지금까지 열심히 준비해왔으니까, 정말 고생 많이 했으니까 잘 될 거라고 잘 볼 거라고, 응원 멘트를 마지막으로 해 주시는데 아무 이유 없이 눈물이 나더라. 그 밤 내내, 그렇게 울었다.

언젠가 선생님이 '눈물 나도록 공부하라'는 말씀을 하셨다. "'수고했다'하고 어깨를 토닥이면 눈물이 날 정도로 공부해야 한다"고 하셨다. 그때는 무슨 뜻인지 몰랐었다. 눈물이 나는데, 이게 그런 뜻이었구나 하는 생각이 불현듯 들더라. 선생님, 정말 눈물이 나더라구요.

【2010년 11월 17일】

수험표를 나눠주신다. 웃으면 안 되는데 자꾸 헛웃음이 나온다. 해방감일
까. 내일 내가 시험을 보게 될 학교를 친구들과 가 보았다. 시험장이 있는
층에는 들어갈 수 없도록 막혀 있었고, 우리들에게는 1층만이 허용되었다.
역으로 가는 길에 있는 빌딩 위에 '앞뒤가 똑같은 대리운전' 광고판이 있
었다. 친구들과 걸어가면서 그 대리운전의 TV 광고에 나오는 노래의 뒷
부분을 '1111'로 개사해서 불렀다. 말이 씨가 될 줄이야.

나는 오늘 수학능력시험에서 완전히 해방되었다.

17쪽 '나를 해방 시킨 그날, 11월 18일' 에 호두가 수능에서 해방된 기쁨이 고스란히 담겨 있습니다.

예상보다 등급이 높구나, 하는 생각을 하면서 등교했다. 교문을 들어서
는데 친구가 말을 건다. 너 지금 등급컷대로면 올 1등급이던데? 설마.
믿을 수 없었다. 그럴 리가.

　교실에 들어선다. 선생님께서 가채점 결과와 예상 등급을 적으라고 했
다. 가채점 결과를 모두 적어 놓고, 예상 등급 칸에 수리를 뺀 모든 칸
에 '1'을 적었다. 마지막 칸을 남겨두고, 나는 망설였다. 등급컷과 내
점수 차이는 1~2점 차. 그 때 선생님의 말씀.

　"질러."

　그리고 난, 남아있는 마지막 칸에 조심스레 수직선을 하나 그었다.

　'1'.

　이렇게 하여 남들이 신화라고 하는 수능 올 1등급을 완성했다.

[팁] 추천하는 EBS 활용 공부법
* 2012년 교재 발행 계획 기준으로 작성

3월

본격적인 수험 생활의 시작이다. 고등학교 2학년 때부터 꾸준히 공부해온 사람은 그 페이스를 유지하고, 겨울방학 때 푹 쉰 사람은 조금씩 공부를 시작한다. '이제 고3'이라고 마구 텐션을 올리다가는 후반까지 가기 힘들다. 적어도 3월은 무리가 가지 않는 선에서 시작하고, '서서히' 속도를 올려가는 것이 좋다. 교재로는 역시 수능특강.

4월

수능특강을 쭉 이어서 한다. 속도는 3월에서보다 조금 더 빠르게, 빠르게 진행한다면 4월 말 즈음 교재가 끝나게 되고, 일반적으로는 5월 중에 끝내게 된다.

5월

수능특강 시리즈를 끝마쳤지만 '수능완성'이 나오기에는 조금 시간이 있다. 언어와 외국어의 경우에는 인터넷 수능 시리즈를 푸는 것이 좋다. 차례대로 풀기보다는 가장 약하다고 생각하는 곳부터 하나씩 하나씩. 아마 자연스럽게 공부하는 분량이 늘어날 것이다.

인터넷 수능시리즈는 권수나 문제 양이 많기 때문에 빠르게 끝내기보다는 기간을 넉넉히 잡고 푸는 것이 좋다. 이후에 '수능완성'과 동시에 풀어도 상관없다. 수리의 경우 '인터넷 수능' 대신 많이 틀린 단원이나 약한 부분을 다시 한번 풀거나, 기본 문제집을 사서 보강하는 것이 좋다.

6월

6월 모의고사를 보는 시기다. 시간이 모자라서 문제를 다 못 풀었다면 시험이 끝나고 못 푼 문제를 꼭 풀어볼 것. 틀린 문제를 다시 한 번 풀어보고, 특정 부분에서 집중적으로 틀리는 경우 여태까지의 EBS 문제집의 관련 단원을 다시 들춰볼 것.

7월

6월 말/7월 초쯤에는 '수능완성' 이 출간된다. 2010년의 '10주 완성' 이 개편된 교재이므로. EBS 커리큘럼 상에는 파이널 출간 전까지 공부하는 것으로 되어 있을 것이다. 하지만 한 교재를 가지고 오래 끄는 것은 좋지 않으므로 빠르게 끝내도록 하자. 빠르면 2주 정도 안에 끝낼 수 있을 것이다. 또 '수능완성' 은 수능 유형으로 만들어져 있으므로 이후에 시간이 나면 복습 1순위.

8월

고득점 N제 시리즈가 출간되는 시기이다. 문제 질 향상을 위해 노력하는 EBS이고 다른 문제집보다 질이 좋은 것은 맞지만, 그 중에서 'N제' 는 난이도에 중점을 둔 나머지 깔끔하지 못한 느낌을 받을 수도 있다. 풀다가 '풀이를 봐도 강의를 봐도 정말 아니다' 싶은 문제들은 그냥 건너뛰어도 무방. 혹시 이 시기에 고득점 N제 시리즈를 풀기가 조금 어렵다고 느껴진다면, '수능완성' 교재를 통해 수능 유형에 조금 더 적응한 뒤 8월~9월의 여름방학을 이용해서 풀도록 하자.

9월

9월 모의평가를 본 후 부족한 부분을 보완한다. 자꾸 보강하라는 말을 써서 미안하지만, 수험 생활이란 원래 부족한 부분을 보강하는 것의 연속이다. 그 부족한 부분을 찾는 방법이나 책이 다를 뿐. 기본서에서는 개념의 부족을, 유형에 대한 책에서는 유형 파악의 부족을, 시험문제에서는 시험문제에 대한 적응 부족을 보강할 수 있다.

파이널이 출간될 시기이다. 난이도 안배가 수능처럼 잘 되어있지는 않아서 시간 내에 푸는 데 어려움이 있을 수도 있지만, 어쨌든 시간은 재면서 푼다(시간을 넘겨도 끝까지는 풀자). 푸는 방법은 다양하다.

언-수-와-언-수-외 순서로 (탐구는 알아서) 하루에 한 과목씩 푸는 방법도 있고, 하루에 언/수/외를 몰아 푸는 방법도 있고, 학교 자습시간에 푸는 경우, 50분마다 찾아오는 '쉬는 시간' 이라는 위기에 절대! 휘둘리지 말도록.

10월~11월

기출플러스를 활용해서 단원별로 기출 문제를 풀어본다. 기출 유형에 적응하고, 약한 단원을 찾아 보강하는 것이 목표이므로 시간을 재서 풀거나 하지는 말자. 혹시 많이 틀리는 부분이 있다면 (유형에 적응하지 못한 경우에는) 기출문제 혹은 다양한 유형의 문제를 접하는 것이 좋고,(개념 파악이 부족한 경우에는) 역시나 기본서로 다시 돌아가는 것이 좋다.

파이널까지 끝낸 이후에는 수능특강부터 시작해서, 평가원 검수를 받은 EBS 언어/외국어 교재의 지문을 모두 읽어보길 권한다. 문제를 푸는 기분이 아니라 꼼꼼히 글을 읽는다는 느낌으로 읽도록. 외국어 지문의 경우 풀 때는 중간까지만 보고 넘겼다고 하더라도 이번에는 지문 하나하나를 처음부터 끝까지 모두 읽자. 해석과 비교해 보면서 내가 생각했던 해석이 틀렸다면 왜인지, 더 괜찮게 해석할 수 있는 (흔히 '의역'이라고 하는) 방법이 있는지도 고민해보자.

후자의 고민을 하는 이유는, 단순히 해석투의 사고를 하는 것보다 자연스럽게 해석하는 '감'을 익힐 수 있기 때문. 나는 시간에 쫓겨서 최후반에야 책을 펴는 바람에 충분히 하지는 못했다. 은근히 지문 양이 많으니, 넉넉하게 시간을 잡고 하길 바란다.

파이널 끝나고 풀 '실전모의고사' 문제집이 없다고 해서 사설 문제집을 풀지는 말자. '만점 마무리'와 작년/올해의 평가원 모의고사(작년 6월·9월·수능, 올해 6월·9월)들로 문제 푸는 감을 유지하도록 하자. '만점 마무리'의 경우 문제가 '고득점 N제' 수준으로 지저분하다는 평이 많으나 그래도 핑계대고 안 푸느니 푸는 게 낫다. 꼭 얘기하지만 '실전모의고사' 딱지가 붙은 것들은 웬만하면 시간을 재면서 풀자. 적절한 긴장감이 유지되어야 하므로. (마감 없는 작업이 늘어지는 것과 마찬가지 원리.)

나는 이렇게 공부했다

어떤 과목이든 기본을 충실히 다지면 다 풀 수 있다.

내가 여기 선보이는 것은 이란 방식도 있다는 것을 보여줄 뿐이다.

나름 알맞은 문제풀이 방법을 몸에 익힐 수만 있다면.

그렇다면 그게 바로 우리가 바라는 바가 아니겠는가.

언어영역

...

1) 비문학

비문학은 언어 영역은 물론이거니와 전 과목에 걸쳐 필요한 기본 중의 기본이다. 우리가 문제나 지문을 읽고 이해해야 하는데, 이 모든 행위 자체가 비문학적 읽기와 이해라고 해도 틀리지 않기 때문이다. 하물며 언어 영역에서 차지하는 비문학의 비중은 새삼 강조하지 않아도 그 중요성을 알고 있으리라.

수능에서, 문제집도 마찬가지지만, 비문학 관련 지문은 대부분 사실 판단을 요구하는 문제들이다. 이는 지문을 꼼꼼히 읽기만 해도 문제를 풀수 있다. 그러나 많은 학생들이 시간에 쫓겨 제대로 독해를 하지 않다가 틀리기 십상이다. 사실에 대한 판단을 할 수 있는 근거는 모두 지문 속에 있으므로 그것만 제대로 찾아내면 되는 것이다. 물론 이게 말처럼 쉬운 것은 아니라는 사실을 잘 안다. 잘 훈련해야 한다는 것도 잘 안다. 그렇다면 결론은 열심히 독해 능력을 키우는 것이 지름길일 것이다.

그리고 한 가지 관건이 되는 부분을 지적하면, 지문에 나온 사실을 바탕으로 하여 특정 상황에 적용하는 문제나 추론 문제는 단순히 사실을 판단하는 식으로 풀면 안 된다. 조금 더 생각해야 풀 수 있다. 하지만 이 같은 경우라도 대부분 지문이나 문제에 함께 제시되는 '보기'에 힌트가 있으므로, 허둥대지만 않는다면 충분히 잘 풀 수 있다.

그럼 지문은 어떻게 파악하는 것이 효율적일까.

흔히들 지문의 구조를 파악한다거나 문단별로 주제를 정리한다거나 하는 법들이 있(다고 하)는데, 지문의 범주(이를테면 과학 지문에는 주제보다는 실험 과정이 문제로 나오는 등)나 여러 가지 요인에 따라 달라지므로 특정한 방법을 익혀 적용하기란 사실상 불가능에 가깝다. 차라리 지문에 따라서 무의식적으로 '이런 지문은 이렇게' 하고 반응할 수 있도록 지문 파악법을 익힐 시간에 한 지문이라도 더 접해 보는 것이 훨씬 낫다는 말을 들려주고 싶다. 그렇더라도 굳이 한 가지 방법을 추천하면 '개념어 중심 읽기'이다. 한 범주에 국한된 지문 파악법이 아니고, 여러 범주에 걸쳐 모두 써먹을 수 있는 방법이다. 또 따로 익힐 필요 없이 몇 번 하다 보면 당연하다 싶을 정도로 편해진다. 지문을 읽다 보면 어떤 사실 또는 다른 개념과 관계가 있는 단어들이 있다. 그런 단어들에 동그라미를 치거나 문제 근처 여백에 그 단어와 다른 개념과의 관계를 짤막하게 적어 두는 것이다.

다음 지문을 한번 읽어 보도록 하자.

⊙ 전통적인 철학적 미학은 세계관, 인간관, 정치적 이념과 같은 심오한 정신적 내용의 미적 형상화를 예술의 소명으로 본다. 반면 현대의 ⊙ 체계 이론 미학은 내용적 구속성에서 벗어난 예술을 진정한 예술로 여긴다. 이는 예술이 미적 유희를 통제하는 모든 외적 연관에서 벗어나 하나의 자기 연관적 체계로 확립되어 온 과정을 관찰하고 분석함으로써 얻은 결론이다. 이 이론은 자율성을 참된 예술의 조건으로 보는 이들이 선호할 만하다. 그렇다면 현대의 새로운 예술 장르인 뮤지컬은 어떻게 진술될 수 있을까?

뮤지컬은 여러 가지 형식적 요소로 구성되는데, 이것들은 내용, 즉 작품의 줄거리나 주제를 실질적으로 구현하는 역할을 한다. 전통적인 철학적 미학에 따르면 참된 예술은 훌륭한 내용과 훌륭한 형식이 유기적으로 조화될 때 달성된다. 이러한 고전적 기준을 수용할 때, 훌륭한 뮤지컬 작품은 어느 한 요소라도 ⓐ 소홀히 한다면 만들어지기 어렵다. 뮤지컬은 기본적으로 극적 서사를 지니기에 훌륭한 극본이 요구되고, 그 내용이 노래와 춤으로 표현되기에 음악과 무용도 핵심이 되며, 이것들의 효과는 무대 장치, 의상과 소품 등을 통해 배가되기 때문이다.

그런데 찬사를 받는 뮤지컬 중에는 전통적 기준의 충족과는 거리가 먼 사례가 적지 않다. 가령 A. L. 웨버는 대표작 〈캐츠〉의 일차적 목표를 다양한 형식의 볼거리와 들을 거리로 관객을 즐겁게 하는 데 두었다. 〈캐츠〉는 고양이들을 주인공으로 한 T. S. 엘리엇의 우화집에서 소재를 빌렸지만, 이 작품의 핵심은 내용의 충실한 전달에 있는 것이 아니라 어떤 기발한 무대에서 얼마나 다채롭고 완성도 있는 춤과 노래가 펼쳐지는가에 있다. 뮤지컬을 '레뷰(revue)', 즉 버라이어티 쇼로 바라보는 <u>최근의 관점</u>은 바로 이 점에 근거한다.

체계 이론 미학의 기준을 끌어들일 때, 레뷰로서의 뮤지컬은 예술로서의 예술의 한 범례로 꼽힐 수 있다. 물론 이러한 유형의 미학이 완전히 주류로 확립된 것은 아니다. 전통적인 철학적 미학도 여전히 지지를 얻는 예술관의 하나이기 때문이다. 이 입장에 준거할 때 체계 이론 미학의 예술관은 예술을 명예롭게 하는 숭고한 가치 지향성을 아예 포기하는 형식 지상주의적 예술관으로 해석될 수 있다.

2011학년도 수능 언어영역 21번~24번에 해당하는 지문이다. 여기에서 내가 동그라미 쳤던 단어들은 '전통적인 철학적 미학'과 '현대의 체계 이론 미학', '뮤지컬'이 있다. 그리고 다음 그림과 같이 서로의 관계를 대강 정리하면 되는 것이다. 어렵지 않더라!

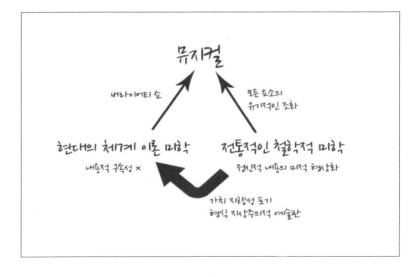

지문이 나온 김에 딸려 출제된 문제들도 한번 풀어 보도록 하자.

【문제 21번】

21. ⊙과 ⓒ에 대한 이해로 적절한 것은?

① ⊙은 내용적 요소와 형식적 요소를 모두 중시한다.
② ⓒ은 자율적 예술의 탄생을 주도적으로 이끈 이론이다.
③ ⊙과 ⓒ이 적용되는 예술 장르는 서로 다르다.
④ ⓒ은 ⊙을 대체할 수 있는 새로운 주류 이론이다.
⑤ ⓒ은 ⊙에 비해 더 진지한 정신적 가치를 지향한다.

위 문제는 사실 판단 문제에 해당한다. 지문 파악을 얼마나 했느냐가 이 문제를 맞히는 관건이다. 위의 정리의 경우 첫 문단을 중심으로 정리한 것이지만, 이 문제 속 선택지의 내용은 지문 곳곳에 퍼져 있다. 선택지를 보고 지문 속에서 필요한 내용을 빠르게 찾아낼 수 있어야 한다. 이 문제에서 ⊙은 전통적인 철학적 미학, ⓒ은 체계 이론 미학에 해당한다. 선택지를 보자.

선택지 5번 : 첫 번째 문단에서 전통적인 철학적 미학(⊙)이 정신적 내용의 미적 형상화를 예술의 소명으로 보고 있다는 사실을 알 수 있다. 거꾸로 설명을 하고 있을 뿐더러, 어느 쪽이 다른 한쪽에 비해 '더 진지한' 정신적 가치를 지향한다고 하기도 어렵다. 따라서 오답.

선택지 4번 : 마지막 문단에서 '전통적인 철학적 미학도 여전히 지지를 얻는다' 고 나와 있다. 잘못된 내용이다. 오답을 골라내기 가장 쉬운 경우에 속한다.

선택지 3번 : 두 번째 문단에서는 전통적인 철학적 미학의 관점에서의 훌륭한 뮤지컬 작품에 대한 내용을, 세 번째 문단에서는 체계 이론 미학으로서의 뮤지컬의 예를 들었다. 두 문단을 종합해서 보는 관점이 필요하고, 적어도 하나의 겹치는 예술 장르가 존재하기 때문에 두 미학이 적용되는 예술 장르가 '다르다' 고 말하기 힘들다. 따라서 오답.

선택지 2번 : 자율적 예술에 대한 내용으로는 첫 번째 문단에서만 '체계 이론 문학은 자율성을 참된 예술의 조건으로 보는 이들이 선호할 만하다' 고 언급되고 있다. 이 문장만 보고 이 선택지를 답으로 골랐다면 당신은 함정에 빠진 것이다. 문장 어디에도 '자율적 예술의 탄생을 주도적으로 이끌었다' 는 내용은 없다. 확대해석은 하지 말고 문장 그대로를 보기 바란다.

선택지 1번 : 두 번째 문단을 요약한 내용이다. '참된 예술은 훌륭한 내용과 훌륭한 형식이 유기적으로 조화될 때 달성된다. (중략) 어느 한 요소라도 소홀히 한다면 만들어지기 어렵다' 에서 근거를 찾을 수 있다.

22. 〈캐츠〉에 대한 감상 중 최근의 관점에 가장 가까운 것은?

① 멋진 춤과 노래가 어우러진 공연이 충분한 볼거리를 제공했기 때문에, 원작과 관계없이 만족했어요.

② 감독이 고양이들의 등장 장면에 채택한 연출 방식이 작품의 주제 구현을 오히려 방해해서 실망했어요.

③ 늙은 암고양이의 회한이 담긴 노래의 가사는 들을 때마다 소외된 사람들에 대한 연민을 불러일으켜요.

④ 기발한 조명과 의상이 사용된 것을 보고, 원작의 심오한 주제에 걸맞은 연출 방식이구나 하며 감탄했어요.

⑤ 의인화된 고양이들의 삶과 내면이 노래들 속에 녹아들어 있어서, 인간을 진지하게 성찰하는 기회가 되었어요.

'최근의 관점'은 세 번째 문단의 마지막 부분에 나온다. 전후 부분을 살펴보자. 대체로 '최근의 관점'이 '전통적 관점'과 대비되는 문장이 많이 나온다. 지문의 마지막 문장에서도 힌트를 얻을 수 있다. 체계 이론 미학의 예술관과 뮤지컬을 버라이어티 쇼로 바라보는 '최근의 관점'은 일치하는 부분이 많다. 여기에서 우리는 '최근의 관점'이 체계 이론 미학과 유사한 내용임을 알 수 있어야 한다. 이 내용에 따라서 선택지를 본다면, 뮤지컬의 내용이나 주제와 관련 없는 진술을 한 1번이 정답이 된다. 나머지는 모두 작품의 내용이나 주제가 포함된 내용.

【문제 23번】

23. 위 글을 바탕으로 <보기>의 ㉮와 ㉯를 이해한 것으로 적절한 것은?

<보 기>

종합 예술의 기원인 ㉮ 그리스 비극은 형식적 측면에서 높은 수준에 이르렀을 뿐만 아니라, 세계와 삶에 대한 당대인들의 인식을 이끌었다. 반면 ㉯ 근대의 오페라는 그 발전 과정에서 점차 아리아 위주로 편성됨으로써, 심오한 지적·도덕적 관심이 아니라 음악 내적 요소에 지배되는 경향을 띠었다.

① ㉮는 즐거움의 제공을, ㉯는 교훈의 제공을 목표로 삼고 있군.
② ㉮는 자기 연관적이지만, ㉯는 외적 연관에 의해 지배되는군.
③ ㉮는 정신적 내용의 미적 형상화를, ㉯는 미적 유희를 추구하는군.
④ ㉮와 ㉯는 모두 고전적 기준에 따라 높이 평가될 수 있군.
⑤ ㉮와 ㉯는 모두 각각의 시대에 걸맞은 '레뷰' 라고 볼 수 있군.

문제 그대로, 지문을 바탕으로 <보기>를 이해하면 된다. 지문의 글 흐름과 <보기>의 글 흐름이 유사해서 상당히 쉽게 ㉮와 ㉯를 이해할 수 있다. ㉮는 형식적 측면과 내용적 측면에서 모두 높은 수준에 이르렀다는 문장에서 '전통적인 철학적 미학' 의 작품으로 생각할 수 있고, ㉯는 심오한 지적, 도덕적 관심이 아니라 음악 내적 요소에 지배되었다는 문장에서 '체계 이론 미학' 의 작품이라고 생각할 수 있다. 여기까지 파악할 수 있었다면 이후에는 사실 판단 문제와 별 다를 것이 없어진다고 생각하면 된다. 어렵지 않게 파악할 수 있다시피 정답은 3번. 푸는 방법은 21번의 풀이를 참고하기 바란다.

【문제 24번】

24. 문맥상 ⓐ와 바꾸어 쓰기에 가장 적절한 것은?

① 멸시(蔑視) 한다면
② 천시(賤視) 한다면
③ 등한시(等閑視) 한다면
④ 문제시(問題視) 한다면
⑤ 이단시(異端視) 한다면

어휘를 물어보는 문제이다. 평소에 어휘력이 부족했다면 풀기 쉽지 않은 문제이다. 반면에 평소에 어휘를 많이 익히고 있었다면 선택지를 ⓐ에 대신 넣었을 때의 어색함 여부만으로도 문제를 풀 수 있다. 매일 아침 신문을 본다던가, 책을 읽는다던가 하는 등의 활동으로 미리미리 어휘력을 키워두기 바란다. 영어공부와는 조금 다르게, 어휘 자체의 뜻을 익히는 것이 아니라, 문장에서 사용되는 의미, 그 어감 위주로 공부를 하기 바란다(사실 따로 공부하지 않아도 그 '자연스러움'은 저절로 익혀진다).

2) 시문학 – 시를 '해독'하지 말고, 느껴라!

많은 학생들의 언어 오답이 나오는 분야는 단연 '시문학'이다. 비문학은 앞에서도 이야기했지만 사실 관계만 파악하면 문제의 절반은 푼셈이고, 소설은 이야기 읽듯 읽으면 된다. 그러나 시문학은 그렇지가 않다.

고등학교 3학년 중반이 되어서도 내 주변 친구들은 시어 하나하나에 동그라미를 쳐가면서 숨어 있는 의미를 파악하기에 분주했다. 사실 그런 걸 보면 시에 대해 부담감을 느끼는 것도 당연해 보인다. 그렇다면 이 책을 읽는 수험생들이여, 여태 수능에 안 나온 수천 수만 편의 시들을 하나하나 해독하면서 읽을 건가? 그건 양도 양이지만 외운다한들 그게 따로 기억되어 시험 볼 때 재생되어 나오겠는가?

평가원이 요구하는 것은 시에 대한 파악 능력이지 시에 대한 '지식'이 아니다. 따라서 어느 정도의 시 파악 레퍼런스(reference)만 머릿속에 만들어 둔다면 웬만한 시는 부담 없이 처리해낼 수 있다. 사실 내가 이 글을 쓰게 된 계기에도 시문학 부문에 대한 공부법이 크게 차지한다. 이 글을 보면서 시에 대해서 부담을 조금이나마 덜 수 있기를 기대해 본다.

그런데 충격적이게도 시문학 지문을 보면서 수험생인 당신이 파악해야 할 것은 '시 느끼기'가 전부이다. 그리고 둔감하지 않은 마음만 가지고 있다면 시문학의 모든 문제를 맞힐 수 있다. 먼저 당신이 너무나 많이 접해 봤을 예를 하나 들어 주겠다.

유리창

정지용

유리(琉璃)에 차고 슬픈 것이 어른거린다.
열없이 붙어 서서 입김을 흐리우니
길들은 양 언 날개를 파닥거린다.
지우고 보고 지우고 보아도
새까만 밤이 밀려나가고 밀려와 부딪히고,
물 먹은 별이, 반짝, 보석처럼 박힌다.
밤에 홀로 유리를 닦는 것은
외로운 황홀한 심사이어니,
고운 폐혈관(肺血管)이 찢어진 채로
아아, 늬는 산(山)ㅅ새처럼 날아갔구나!

정지용의 시 '유리창'이 '자식을 병으로 잃고 난 뒤에 슬퍼하며 지은
시'라거나, '유리창'이 죽은 아이와 화자를 연결하는 매개체라거나 하
는 이야기는 모두가 알고 있을 것이다. 그리고 시험에서 그 지식을 써먹
길 기대할 것이다. 하지만 수능에서는 절대로 그 지식을 써먹는 문제는
나오지 않을 것이다. 당신이 허탈해 할 정도로 수많은 힌트들이 문제의
<보기>를 통해 쏟아져 나올 것이다.

이 시를 보고 우리가 해야 할 일은 '분위기 파악'이다. 시 속의 '차고
슬픈 것', '언 날개', '새까만 밤' 같은 단어들로 보았을 때 시 속의 분

위기는 그다지 좋지 않음을 직관적으로 알아챌 수 있다. 또 한 가지, '폐혈관이 찢어진 채로 너(늬)는 산새처럼 날아갔구나!' 와 그 윗줄의 '외로운' 을 통해서 '화자는 누군가와 이별했고(9행을 통해 짐작했을 때 죽었을 가능성이 높아 보인다) 그래서 지금 화자는 외로운 기분이다' 라는 것까지 느낄 수 있다. 이제 시를 구체적으로 느껴 보도록 하자. 파악한 분위기를 바탕으로 단어, 어구 하나하나를 통해서 작품 속의 상황을 상상하는 것이다. 어렴풋하게 상황을 이해하는 정도면 충분하지만, 여기에서는 이해를 돕기 위해 이야기 형식으로 소금 자세히 써 보겠다. 감상 포인트는 '화자가 슬프고 외로운 상태' 라는 것을 항상 염두에 두는 것.

"춥고 깜깜한 밤이다. 문득 유리창을 바라보니, 창에 물방울이 서린 것이 눈에 들어온다. 가만히 서서 '호ー' 하고 입김을 불어 보았더니, 하얀 김은 언 날개를 파닥거리듯 차가운 물방울 사이로 퍼져나간다. 수없이 창문을 닦아도 깜깜한 하늘은 잠시 흐려졌다가 돌아올 뿐이고, 물방울도 잠시 사라졌다간 다시 맺힌다. 창문을 닦고 있자니, 까만 하늘 위에 있을 '그' 가 떠오른다. 폐혈관이 찢어진 채로 내 곁을 떠나갔던 '그 사람' …… 지금 내가 닦는 물방울이 '그' 의 눈물은 아닐까?"

대략 이런 느낌. 여기서 덧붙이자면 '그' 에 대해서 나온 부분은 '고운 폐혈관이 찢어진 채로 날아갔다' 밖에 없기 때문에, 배경 지식을 알고 있다면 '어린 자식' 에 끼워 맞출 수 있지만 시만 놓고 보면 단서를 잡기가 힘들다. 그냥 '누군가'로 놓아 두는 것이 감상법의 포인트다. '어린 자식'이 아니라 '그'로 표현한 건 다 이유가 있다.

다음 작품을 보도록 하자.

바람이 분다
서러운 마음에 텅 빈 풍경이 불어온다
머리를 자르고 돌아오는 길에
내내 글썽이던 눈물을 쏟는다

하늘이 젖는다
어두운 거리에 찬 빗방울이 떨어진다
무리를 지으며 따라오는 비는
내게서 먼 것 같아, 이미 그친 것 같아

세상은 어제와 같고 시간은 흐르고 있고
나만 혼자 이렇게 달려져 있다
바람에 흩어져 버린 허무한 내 소원들은
애타게 사라져간다

바람이 분다
시린 한기 속에 지난 시간을 되돌린다
여름 끝에 선 너의 뒷모습이 차가웠던 것 같아
다 알 것 같아

내게는 소중했었던 잠 못 이루던 날들이
너에겐 지금과 다르지 않았다
사랑은 비극이어라 그대는 내가 아니다
추억은 다르게 적힌다

나의 이별은 잘 가라는 인사도 없이 치러진다
세상은 어제와 같고 시간은 흐르고 있고
나만 혼자 이렇게 달라져 있다
내게는 천금같았던 추억이 담겨져 있던
머리위로 바람이 분다
눈물이 흐른다

어디서 많이 보던 글일 거다. 바로 '바람이 분다'의 노랫말이다. 익숙한 말로, 특히나 노래로 된 것이 좀 더 이해하기 편할 것 같아서 적어 보았다. 세부적인 상황 파악에 앞서서 전체적인 분위기를 느껴 보자. '서러운 마음'이나 '눈물을 쏟는다'라는 직접적인 표현 이외에도 전체적으로 허무함, 외로움 등이 나타나 있는 듯하다. 분위기를 느끼는 것이 어렵다면 내가 다른 사람에게 하는 말이라고 생각하면서 시를 읽어 보자.(특히 이 시는 '나'와 '너'가 모두 등장하는 작품이므로) 개인적으로는 이렇게 읽으면 '내게는 소중했었던 잠 못 이루던 날들이 너에겐 지금과 다르지 않았다'에서 무언가 와닿는 기분이 들었다. 나의 마음을 이해해주지 못하는, 그야말로 '서러운' 기분. (다음 줄을 보면 '추억은 다르게 적힌

다' 라며 '그러려니' 하는 느낌으로 이어진다. 이런 걸 어려운 말로 '체념의
정서' 라고 하더라.)

사실 이 시는 분위기 파악만 되면 그걸 토대로 거의 모든 구절의 풀이
가 다 되는 쉬운 편에 속하는 시이긴 하다. 착착착— 하고 대략 들어맞
게 되는데, 해석이 골치 아픈 몇 구절을 풀이해보도록 하겠다.

1연과 6연의 '머리' : 1연에서 '왜 머리를 자르지?' 하는 의문이 들 법도 하
다. 그리고 그 의문은 맨 마지막 연에 가서야 풀린다. 6연에서 머리는 '내
게는 천금 같았던, 추억이 담겨져 있던' 으로 수식되고 있다. 말하자면 '머
리' 는 화자에게 많은 의미를 가지고 있는 셈. 그런데 그 의미가 손상되
었으므로(3연, '바람에 흩어져 버린~') 화자는 눈물을 머금고 머리를
잘랐다. 단어 하나만 보는 게 아니라, 시 전체를 살펴봐야 느낄 수 있다.
요런 게 시 해석의 참 재미.

2연의 3행과 4행 : 3연(세상은 어제와 같고, 시간은 흐르고 있고 /나만
혼자 이렇게 달라져 있다)을 바탕으로 하여 보았을 때, 화자는 세상
과 '나' 와의 단절감을 느끼고 있다는 느낌이 든다. 그런 의미에서 실제
로는 비가 무리를 지어 따라오고 있지만 심리적으로는 너무 멀리 떨어
져 있다는 뜻이 아닐까. '(따라오는 비는) 이미 그친 것 같아' 를 보았
을 때 그 비를 맞고 싶었을 것 같기도 하다. 비를 맞는다는 이야기는 거
리감이 그만큼 줄어든다는 이야기니까. 확신하지는 못하겠다.

지문을 보면서 알아야 될 것은 이걸로 끝이다. 약간 어이가 없다고 생각할지도 모르겠다. '이따위 걸 가지고 문제를 어떻게 푸느냐'고 불평할 수도 있을 것이다. 하지만 정말로 이게 전부다. 그냥 부담 없이, 상식이 통하는 선에서 읽으면 된다. 여담이지만 시인도 '직업'으로써 대중들에게 읽힐 수 있는 시를 만들어 내야 하기 때문에, 못 읽을 시를 만드는 경우는 적을 것 같다. 문제를 푸는 입장이 아니라 그저 시를 감상하는 입장으로서 읽는다면 크게 문제없으리라고 본다.

3) 고전문학 – 패턴을 외워라

고전문학은 내용 중간에 한자어가 섞여 있는 경우가 대부분이기 때문에 현대시나 현대소설처럼 감상하기가 다소 어렵다. 그리고 가끔 어려운 한자어에 신경 쓰느라 지문을 읽는 중간에 정신을 놓아 버리는 경우가 간혹 발생하기도 한다. 하지만 걱정하지 마시라. 당신이 모르는 한자어들은 나머지 수험생들도 대부분 모른다. 하지만 그런 단어를 모르고서라도 문제를 충분히 맞힐 수 있기에 그런 문제들이 계속 나오는 것이다. 마음 놓고 보자.

자, 이제는 실전에서 현대시 문제 푸는 법, 고전문학 해석법을 배워 보자! 현대시 두 편과 고전문학 한 편을 엮은 기출문제 세트를 가져왔다.

(2012학년도 수능 31~36번)

(가)

차례를 지내고 돌아온
구두 밑바닥에
고향의 저문 강물 소리가 묻어 있다

┌ 겨울 보리 파랗게 꽂힌 강둑에서
│ 살얼음만 몇 발자국 밟고 왔는데
A 쑥골 상엿집 흰 눈 속을 넘을 때도
│ 골목 앞 보세점 흐린 불빛 아래서도
└ 찰랑찰랑 강물 소리가 들린다

┌ 내 귀는 얼어
B 한 소절도 듣지 못한 강물 소리를
└ 구두 혼자 어떻게 듣고 왔을까

┌ 구두는 지금 황혼
│ 뒤축의 꿈이 몇 번 수습되고
C 지난 가을 터진 가슴의 어둠 새로
│ 누군가의 살아 있는 오늘의 부끄러운 촉수가
└ 싸리 유채 꽃잎처럼 꿈틀댄다

고향 텃밭의 허름한 꽃과 어둠과
D 구두는 초면 나는 구면
건성으로 겨울을 보내고 돌아온 내게
고향은 꽃잎 하나 바람 한 점 꾸려 주지 않고
E 영하 속을 흔들리며 떠나는 내 낡은 구두가
저문 고향의 강물 소리를 들려준다. [E]
출렁출렁 아니 덜그럭덜그럭.

　　　　　　　　　　　　　　- 곽재구, 구두 한 켤레의 시 -

(나)
<1>
산 너머 남촌에는 누가 살길래
해마다 봄바람이 남으로 오네

꽃 피는 사월이면 진달래 향기
밀 익는 오월이면 보리 내음새

어느 것 한 가진들 실어 안 오리
남촌서 남풍 불 제 나는 좋데나

<2>
산 너머 남촌에는 누가 살길래
저 하늘 저 빛깔이 저리 고울까

금잔디 너른 벌엔 호랑나비 떼
버들밭 실개천엔 종달새 노래

어느 것 한 가진들 들려 안 오리
남촌서 남풍 불 제 나는 좋데나

〈3〉
산 너머 남촌에는 배나무 있고
배나무꽃 아래엔 누가 섰다기,

그리운 생각에 영(嶺)*에 오르니
구름에 가리어 아니 보이나

끊었다 이어 오는 가는 노래
바람을 타고서 고이 들리데

       – 김동환, 산 너머 남촌에는 –

* 영 : 고개.

(다)
앉은 곳에 ㉠해가 지고 누운 자리 밤을 새워
잠든 밧긔 한숨이오 한숨 끝에 눈물일세
밤밤마다 꿈에 뵈니 꿈을 둘너 상시(常時)과저*
학발자안(鶴髮慈顔)* 못 뵈거든 안족서신(雁足書信)* 잦아짐에
기다린들 기별 올가 오노라면 ㉡달이 넘네

못 본 제는 기다리나 보게 되면 시원할까
노친(老親) 소식 나 모를 제 내 소식 노친 알까
ⓒ산과 강물 막힌 길에 일반고사(一般苦思)* 뉘 헤올고
묻노라 밝은 달아 두 곳에 비추는가
따르고저 뜨는 구름 남천(南天)으로 닫는구나
흐르는 ⓔ내가 되어 집 앞에 두르고저
나는 듯 ⓜ새나 되어 창가에 가 노닐고저
내 마음 헤아리려 하니 노친 정시(情思) 일러 무삼
여의(如意) 잃은 용이오 키 없는 배 아닌가
추풍의 낙엽같이 어드메 가 머무를꼬

                               - 이광명, 북찬가(北竄歌) -

* 꿈을 둘너 상시과저 : 꿈을 가져다 현실로 삼고 싶구나.
* 학발자안 : 머리가 하얗게 센 자애로운 얼굴. 어머니를 가리킴.
* 안족서신 : 기러기 발목에 매달아 보낸 편지.
* 일반고사 : 괴롭거나 고통스러운 모든 생각.

어떤 문제가 출제되어 있는지 모르는 상태로 시만 읽고 있다 보면 의미 없는 부분을 해석하느라 시간을 보내는 일이 생길 수 있다. 따라서 문제를 풀어가면서 시에 대해 해석하는 방법을 쓰도록 하겠다.

고전문학 (다)의 해석

이 작품은 제목에서 힌트를 얻기가 힘들다. 본문을 읽어가면서 해석해 보도록 하자.

① '잠든 밧긔 한숨이오 한숨 끝에 눈물일세' : 화자가 슬픈 상황에 처해 있음을 짐작할 수 있다.

② '밤밤마다 꿈에 뵈니 꿈을 둘너 상시과저' : '꿈을 둘너 상시과저' 의 뜻은 지문 아래의 주석을 참조하도록 하자. 이 줄을 읽다 보면 하나 의문이 생기는데, '누구' 를 꿈에 뵈는지가 나와 있지 않다는 것이다. 이런 경우에는 대부분 '님' 을 넣으면 해결된다. '뵈다' 라는 높임법이 사용되고 있고, 여기까지는 누구인지 정확히 드러나지 않기 때문에 대명사를 사용하는 것. 참고로 말하자면 부인이 남편을 그리며 쓴 글이나, 유배지에서 왕에게 쓴 글이 고전문학에서는 많은 편. 하지만 신하가 왕에게 쓴 글에서 신하를 부인으로, 왕을 남편으로 비유하는 경우도 있고 해서 작품이나 작가에 대한 배경 지식이 없이는 한 인물로 특정할 수 없다. 이런 상황에서 시를 해석하면서 '누구' 라고 특정해 봐야 거의 의미가 없기 때문에 '님' 을 대신 사용한다고도 볼 수 있겠다.

눈치가 빠르면 여기까지만 읽고도 대충 이 시의 분위기를 짐작할 수 있겠다. '화자가 님과 떨어져 있는 상태에 있고, 매일매일을 한숨과 눈물로 보내고 있는데, 밤마다 님이 꿈에 나오고 있으니 그 꿈을 가져다 현실로 삼고 싶구나.'

③ '노친 소식 나 모를 제 내 소식 노친 알까' : 그대로 해석하면 '노친 소식을 내가 모르는데 내 소식을 노친이 알겠느냐(모를 것이다)' 는

의미. ②에서 얘기한 '님'은 '노친'으로 특정할 수 있겠다.(사실 '노친'이 아니어도 상관이 없다. 이 시의 시대적 배경을 찾아보니 역시나 유배지에서 왕을 향해 쓴 것이더라.) 자, 어느 정도 시의 분위기를 파악했다. 나머지는 문제를 통해서 보도록 하자!

【문제 31번】

31. (가)~(다)의 공통점으로 가장 적절한 것은?

① 자연물을 통해 현실의 부정적 측면을 부각하고 있다.
② 대조적 소재의 열거를 통해 시적 긴장감을 높이고 있다.
③ 과거와 현재의 대비를 통해 그리움의 정서를 표현하고 있다.
④ 일상생활의 관찰을 통해 사물에서 삶의 교훈을 얻어 내고 있다.
⑤ 친숙한 사물을 통해 화자의 마음이 향하는 공간을 환기하고 있다.

시의 공통점 문제는 크게 두 가지의 푸는 방법이 있다. 지문에 나온 시 중에 해석이 쉬운 것부터 읽어가면서 틀린 것을 지우는 형태로 풀어 나가는 방법이 있고, 선택지마다 각 시를 확인하며 정오 여부를 판단하는 방법이 있다. 여기서는 일반적으로 문제를 푸는 방법인 전자로 문제를 풀어가도록 하겠다.

시 (가)에서 등장하는 대표적인 자연물은 '고향의 강물' 등이 있다. 전체적으로 고향에서 허름한 분위기가 느껴지긴 하지만 이것이 현실의 '부정적 측면'을 '부각' 한다고 말하기는 어렵다. 허름한 분위기를 부정적이라고 정의하기가 애매하고, 설사 허름한 분위기가 '부정적인 측면' 이더라도 강물이 그 측면을 부각하지는 않기 때문. 따라서 선택지 1번은 오답이다. 시 (가)에서 대조되는 소재를 찾으라고 하면 기껏해야 '(저문 고향의 강물 소리를 들려주는)구두' 와 '(건성으로 겨울을 보내고 돌아온) 나' 정도? 대조적 소재가 '열거' 된다고도 말할 수 없고, 이것이 시적 긴장감을 높인다고도 말할 수 없다. 여러분이 읽은 것 그대로, 시 전체적으로 차분하고 담담한 느낌. 시 어디에서도 긴장감은 찾기 힘들다. 따라서 선택지 2번도 오답.

덧붙이면 2번과 같은 선택지의 경우에는 오답을 찾기 쉬운 편에 속한다. '대조적 소재의 열거' 나 '시적 긴장감의 상승' 두 가지가 모두 들어맞아야 정답이 되므로, 하나만 틀려도 오답으로 체크할 수 있다. 시 (나)와 (다)에서도 긴장감을 찾을 수 없다.

선택지 3번 : 시 (가)에서 과거와 현재의 대비를 찾아보자. 이 시에서 과거의 내용이 나온 부분은 '살얼음만 몇 발자국 밟고 왔는데' 와 '구두 혼자 어떻게 듣고 왔을까' 에서 나온 과거 시제 두 번 뿐이다. 그리고 현재의 주된 사건은 '저문 강물 소리가 들린다' 는 것 시 중간 부분에 나오는 '내 귀는 얼어 한 소절도 듣지 못한 강물 소리' 라는 표현에 미루어 볼 때, 화자가 고향에 내려갔으나 듣지 못한 강물 소리를 돌아와서 낡은 구두를 통해 간접적으로 듣고 있다고 생각할 수 있다. 보고 싶은 영화 이야기를 벌써 보고 온 친구가 옆에서 쫑알쫑알 얘기한다면 당연히 빨리 영화를 보고 싶어지겠지? 마찬가지로 구두를 통해 강물 소리를 간접적으로 경험하는 화자도 직접 강물 소리를 듣고 싶은 마음이 생기지 않을까. 일단 (가)에 한해 선택지 3번은 맞는 이야기라고 할 수 있겠다.

시 (나)를 읽어 보자. 과거 이야기가 나오는가? 전혀. '과거와 현재의 대비'는 과거와 현재가 모두 시 속에 등장할 때 성립하는 것이다. (나)에서의 선택지 3번은 틀린 이야기.

선택지 4번 : (가), (나), (다) 모두 큰 의미에서의 일상생활을 소재로 다루고 있으나, '일상생활의 관찰'이라고 함직한 시는 (가)정도 뿐이다. 이미 여기에서 오답임이 판정되지만 조금 더 나가보면, 시 (가)에서도 '~ 해야겠다' 하는 교훈은 찾아볼 수 없다. 선택지 4번 역시 오답.

선택지 5번 : '환기하다'는 '일깨우다' 정도로 순화해서 이해하면 된다. 단순히 깨닫는다기보다는 이전에 알고 있다가 잊은 것을 다시 알게 된다는 느낌. (가)에서는 친숙한 사물(낡은 구두)을 통해 어떤 공간(저문 고향)을 떠올리고 있고, (나)에서도 친숙한 사물(해마다 오는 봄바람)을 통해 마음이 향하는 공간(산 너머 남촌)을 생각하고 있으며, (다)에서도 사물(달 등)을 통해 어떤 공간(노친이 있는 곳)을 그리워하고 있다. 정답 5번.

32. (가)~(다)의 시어를 비교하여 이해한 내용으로 가장 적절한 것은?

① (가)의 '보리' 와 (나)의 '보리' 는 두 작품의 계절적 배경이 동일함을 알려 준다.
② (가)의 '꿈' 과 (다)의 '꿈' 은 출세하고자 하는 화자의 의지를 표현한다.
③ (가)의 '강물 소리' 와 (나)의 '노래' 는 대상에 대한 화자의 긍정적 태도를 드러낸다.
④ (나)의 '남풍' 과 (다)의 '추풍' 은 화자가 동경하는 세계와 화자를 매개한다.
⑤ (나)의 '구름' 과 (다)의 '구름' 은 자유로운 소통의 가능성을 차단한다.

시어에 관련한 문제가 나올 때는 그 시어의 앞뒤 맥락을 잘 보면 된다.

선택지 1번 : (가)의 보리는 '겨울 보리', (나)의 보리는 '오월이면 보리' 이다. 땡!

선택지 2번 : 구두를 오래 많이 신고 다니면 뒤축이 닳는다. 또한 구두는 평상시보다는 공식적인 (업무와 관계있는) 자리에서 많이 신는 신발이다. 이런 점을 바탕으로 추리(?)했을 때, (가)의 꿈은 출세하고자 하는 화자의 의지의 표현으로 볼 수 있다. 반면 (다)의 꿈은 '님이 나오는 꿈' 이다. 님을 보고 싶고 만나고 싶어 꾸는 꿈을 '출세하고자 하는 의지' 로 보는 것은 무리가 있다. 2번은 오답.

선택지 3번 : 위 문제에서도 이야기했듯 시 (가)에서 나오는 '저문 고향 (의 강물 소리)'는 화자가 그리워하는 대상이라고 말할 수 있다. 시 (나)의 노래는 산 너머 남촌에서 들려오는 노래 정도로 생각할 수 있겠다. (나)의 <3>에서 '그리운 생각'이 든다는 구절도 이를 뒷받침한다. 전체적으로 (가)와 (나)에서 드러나는 그리움은 원망으로 이어지는 부정적인 감정이라기보다는 담담하게, 얕은 미소를 지으며 이야기하는 그리움이기 때문. (부정적인 감정으로서의 그리움의 예는 (다)를 보면 잘 나타난다.) 정답은 3번.

선택지 4번 : '산 너머 남촌에는 누가 살길래' 하는 화자의 관심과 동경, 그리고 그렇게 동경하던 남촌에서 남풍이 분다는 것은 남촌과 화자를 이어 주는 역할을 한다고 할 수 있다. 반면 (다)의 '추풍'은 화자를 '추풍의 낙엽'으로 비유하는 데에 쓰인 시어이다. 가을바람에 나뒹구는 낙엽과 같이 갈 곳 없는 본인의 처지를 비유한 구절이므로, 화자가 동경하는 세계는 '추풍'에는 없다!

선택지 5번 : (나)의 구름은 배나무꽃 아래에 선 누군가를 가리는 장치로, 소통의 가능성을 차단하는 것이 맞다. 반면 (다)에서는 노친(님)이 지상에 있는 존재이기 때문에 구름으로 가리려고 해봐야 가릴 수가 없다.(고전문학에서는 '님'을 태양 따위에 비유하는 경우가 있는데, 이럴 때의 구름은 태양과 나 사이를 막는 가림막의 역할을 한다.) 5번 역시 오답.

33. (가)와 (나)의 표현상 특징에 대한 설명으로 적절하지 않은 것은?

① (가), (나) 모두 감각적 이미지를 빈번히 사용하여 시상을 전개하고 있다.
② (가)는 (나)와 달리 의성어의 변화로 화자의 심리를 표현하고 있다.
③ (가)는 (나)와 달리 연을 구분하지 않고 성찰적 어조를 드러내고 있다.
④ (나)는 (가)와 달리 새로운 소재가 추가될 때마다 어조에 변화를 주고 있다.
⑤ (나)는 (가)에 비해 대구와 부드러운 어감의 표현을 효과적으로 사용하고 있다.

선택지 1번 : (가)에서는 '골목 앞 보세점 흐린 불빛', '찰랑찰랑 강물 소리' 등에서 감각적 이미지가 사용되었고, (나)에서는 '진달래 향기', '보리 내음새', '금잔디' 등에서 감각적 이미지가 사용되었다. 적절한 설명.

선택지 2번 : (가)에서 등장하는 의성어는 '출렁출렁'과 '덜그럭덜그럭'. 구두를 통해 고향의 강물 소리를 듣는다는 사건 자체가 화자의 상상 속에서 일어나고 있는 일(구두에 녹음기가 달린 것도 아니고 소리를 어떻게 듣겠나)이므로, 화자에게 들리는 구두 소리의 변화('출렁출렁'에서 '덜그럭덜그럭'으로) 역시 화자의 심리와 연관이 있음을 생각할 수 있다. (나)는 의성어나 의성어의 변화가 나오지 않는다. 2번 역시 적절한 설명.

선택지 3번 : (나)는 연을 구분한 반면, (가)에서는 연을 구분하지 않고 이야기를 하고 있다. 또한 '오늘의 부끄러운 촉수' 등에서 자신에 대한 성찰적인 모습을 확인할 수 있다. 3번도 적절.

선택지 4번 : (나)는 <1>과 <2>에서는 남촌에 대한 이야기를 하고 있다가, <3>에서 남촌의 배나무 아래에 있는 새로운 인물로 시상을 집중한다. 새로운 소재의 추가라고 말할 수 있는 상황에서, 시의 말하는 투가 바뀌고 있지는 않다. 4번은 적설하지 않은 설명으로, 정답이다.

선택지 5번 : (나)의 매 시의 시작(산 너머 남촌에는~)도 대구가 들어가 있으며, <1>의 2연에서도 대구적 표현을 찾을 수 있다. 또한 '보리 내음 새' 등의 부드러운 표현도 사용하고 있다. 적절한 설명.

【문제 34번】

34. <보기>의 '하이데거'의 관점에서 (가)를 감상한 내용으로 가장 적절한 것은? [3점]

<보 기>

하이데거에게 예술은 '존재자의 존재'를 드러내 준다. 그에 따르면 고흐의 '구두' 그림에는 단순히 도구로서의 구두[=존재재]만 있는 것이 아니다. 그림 속의 구두에는 들일을 나서는 농부의 고단한 삶, 해질 무렵 들길을 걷는

그의 고독이 드러나 있으며, 아울러 대지의 습기와 다 익은 곡식의 풍요로
움이 실려 있다. 우리는 이 그림을 통해 구두에 감추어진 '존재'가 눈앞에
펼쳐지는 체험을 하게 된다.

① [A] : 구두 밑바닥에 녹아드는 살얼음으로 봄을 맞이하는 화자의 기
  쁨을 표현하고 있군.
② [B] : 귀가 얼어붙을 정도의 추위를 강조하여 구두에 대한 화자의 연
  민을 드러내고 있군.
③ [C] : 여러 번의 수선을 거친 구두에는 구두의 도구성에 대한 화자의
  비판적 견해가 나타나 있군.
④ [D] : 고향 텃밭의 허름함과 헌 구두를 비교하여 초면과 구면 사이에
  차이가 없음을 말하고 있군.
⑤ [E] : 고향에 대해 무심했던 삶 속에서도 고향이 화자의 내면에 자리
  잡고 있었음이 낡은 구두에서 드러나고 있군.

3점짜리고 '존재자의 존재'니 하는 온갖 어려운 말을 붙여 대고 있지만 뚜껑
을 열어 보니 이게 뭐냐. 말 되는 것만 찾으면 답이 나온다. 먼저 '보기'의
분석. 어렵지 않다. 하이데거에게 있어서 예술 작품의 어떤 사물 속에는
그 사물 자체를 넘어선 새로운 의미들이 존재한다는 뜻, 그저 그 뿐이다.
이해가 힘들다면 보기의 예시만 한 번 더 읽어 보자.

선택지 1번 : 구두로부터 들려오는 강물 소리는 다가오는 봄과는 어떤 관

런도 없다. 얼었던 강물이 녹는다거나 해서 '계절의 바뀜'을 나타내는 표현이 하나도 없다. 틀린 선택지. 덧붙이면 첫 행의 '차례를 지내고 돌아온'으로 미루어 짐작할 때 시간적 배경은 늦겨울이라기보다는 오히려 설날 즈음의 한겨울에 가깝다고 볼 수 있겠다.

선택지 2번 : '내 귀는 얼어'라는 표현은 내가 강물 소리를 듣지 못하는 원인이 될 뿐, 다른 의미가 있지는 않다. '구두는 지금 황혼'이라는 표현으로 볼 때 구두에 대한 어느 정도의 연민은 있을 것으로 짐작되지만, 추위를 강조함으로서 그것을 표현하고 있지는 않다.

선택지 3번 : 시와는 아예 관계가 없는 감상일뿐더러, 설사 시와 관계가 있다고 하더라도 하이데거의 관점이 아니다. 하이데거의 관점은 도구로서의 구두를 포함한 이후에 새로운 의미를 말하고 있는데, 이 선택지는 도 구성 자체에 대한 비판적인 견해에 대해 이야기하고 있다.

선택지 4번 : 순 말장난이다. [D]는 '고향 텃밭의 허름한 꽃'과 '구두'는 서로 초면, '고향 텃밭의 허름한 꽃'과 '나'는 서로 구면(이미 여러 번 본 사이)이라는 뜻. 그냥 함정에 빠지라고 한번 꼬아 본 설명에 불과하다. 비교하려면 '구두'와 '나'를 비교하는 것이 옳다.

선택지 5번 : '고향은 꽃잎 하나 바람 한 점 꾸려 주지 않'는다고 느낄 정도로 고향에 대해 관심이 없으면서도 낡은 구두가 들려주는 강물 소리에는 귀를 기울이는 모습. 좋은 감상이다. 정답.

【문제 35번】

35. (나)의 구조에 대한 설명으로 적절하지 않은 것은?

① <1>, <2>, <3> 모두 세 연씩으로, 각 연은 두 행씩으로 구성되어 형식적 통일성을 갖추고 있다.
② '산 너머 남촌에는' 이 <1>, <2>, <3>의 1연마다 반복되어 시 전체의 유기적 연관성을 강화하고 있다.
③ <1>, <2>, <3>의 각 3연이 동일한 형태로 반복되어 후렴구로 기능하고 있다.
④ 시어와 표현 면에서 <1>과 <2>는 유사성이 크지만, <3>은 상대적으로 차이를 보인다.
⑤ <1>의 2연은 문장 구조가 같은 두 행이 짝을 이루고 있는데, 이는 <2>의 2연도 마찬가지이다

뻔하다. 답 3번! <3>의 3연은 <1>, <2>와는 완전히 다르다.

【문제 36번】

36. (다)의 ㉠~㉢ 중 함축하는 의미가 동일한 것끼리 바르게 묶은 것은?

① ㉠ ㉢   ② ㉠ ㉣   ③ ㉡ ㉣   ④ ㉢ ㉣   ⑤ ㉣ ㉤

정답부터 이야기하면 5번(ㄹ, ㅁ). '(내가) 흐르는 시냇물이 되어 (그대의) 집 앞을 두르고 싶고, (내가) 나는 듯 새가 되어 (그대의) 창가에 가 노닐고 싶습니다.' 하는 의미. '내'와 '새' 모두 '그대의 곁에 다가가고 싶은 소망을 담아 내가 되고 싶어하는 것' 정도의 의미를 담고 있다. 고전문학에는 '내가 ~이 되어 ~하고저' 하는 구절이 자주 나오는 편이다. 무슨 귀양을 그리 많이 보냈는지 모르겠다.

4) 소설문학 – 수능 지문과 『해리포터』는 다르지 않다

제목 그대로이다. '해리포터' 시리즈를 비롯한 소설들을 너무나도 재미있게 읽으면서, 수능에 나오는 소설 지문은 너무 어려워 못 읽겠다는 것은 어불성설이다. 문제를 풀기 위한 지문을 읽는 태도와 시간 때우기용 이야기를 읽는 태도를 같이 하는 것, 바로 소설문학 정복의 열쇠이다. 그리고 그러기 위해서는 평소에 여러 글을 읽어 보는 것이 좋다. 주제는 무엇이든 상관없다. 자신이 좋아하는 게임이나 애니메이션에 대한 배경 스토리도 좋고, 진지한 내용의 책을 사서 읽는 것도 좋다. 하지만 인터넷을 통해 보는 것은 그다지 추천하지 않는다. 시시각각 정보가 갱신된다는 특성 탓인지는 모르지만, 대부분의 사람들이 인터넷에 올라온 글들을 주의 깊게 읽지 않는다. (대신 중요한, 인상에 남는 부분만을 많이 보는 편이다) 가능하다면 인쇄를 해서 심심할 때 처음부터 끝까지 완독하는 것을 가장 추천한다. 다만 수능용 소설문학 지문을 읽을 때는 평소 이야기를 읽을 때보다는 조금 더 신경 써야 할 부분들이 몇 가지 있다. 첫 번째는 '영화 찍기'이다. 소설 속에 등장하는 장소나 주변 상황에서 느껴지는 분위기를 글자 그대로로만 느끼는 것이 아닌, 머릿속을 통해 시각적으로 만들어 내 본다.

두 번째는 '인물'이다. 성격 같은 것들을 비문학에서처럼 구체적인 언어로 여백에 정리를 해두라는 것이 아니다. 인물의 심리에 집중하면서, 이 지문에 나오는 사람들이 내가 읽고 있는 부분에서 어떤 기분일지를 상상하면서 읽으면 된다. 여담이지만 인물이 여러 명 나오는 소설 지문이 나올 경우, 등장인물의 이름이나 부모-자식 관계 같은 것들은 헷갈리지 않도록 간략하게 적어 주는 것이 좋다.

실전문제

[13~16] 다음 글을 읽고 물음에 답하시오.

남을 주면 땅을 버린다고 여간 근실한 자국이 아니면 소작을 주지 않았고, 소를 두 필이나 매고 일꾼을 세 명씩이나 두고 적지 않은 전답을 전부 자농(自農)으로 버티어 왔다. 실속이 타작만 못하다는 둥, 일꾼 셋이 저희 농사 해 가지고 나간다는 둥 이해만을 따져 비평하는 소리가 많았으나 창섭의 아버지는 땅을 위해서는 자기의 이해만으로 타산하려 하지 않았다. 이와 같은 임자를 가진 땅들이라 곡식은 거둔 뒤 그루만 남은 논과 밭이되, 그 바닥들의 고름, 그 언저리들의 바름, 흙의 부드러움이 마치 시루떡 모판이나 대하는 것처럼 누구의 눈에나 탐스럽게 흐뭇해 보였다.

이런 땅을 팔기에는, 아무리 수입은 몇 배 더 나은 병원을 늘쿠기 위해서나 아버지께 미안하지 않을 수 없었다. 그러나 잡히기나 해 가지고는 삼만 원 돈을 만들 수가 없었고, 서울서 큰 양관(洋館)을 손에 넣기란 돈만 있다고도 아무 때나 될 일이 아니었다. (중략)

"웬일인데 어쩨 혼자만 오느냐?"

어머니는 손자 아이들부터 보이지 않음을 물으신다.

"오늘루 가야겠어서 아무두 안 데리구 왔습니다."

"오늘루 갈 걸 뭘 허 오누?"

"인전 어머니서껀 서울로 모셔 갈 채빌 허러 왔다우."

"서울루! 제발 아이들허구 한데서 살아 봤음 원이 없겠다."

하고 어머니는 땅보다, 조상님들 산소나 사당보다 손자 아이들에게 더 마음이 끌리시는 눈치였다. 그러나 아버지만은 그처럼 단순히 들떠질 마음이 아니었다.

아버지는 아들의 뒤를 쫓아 이내 개울에서 들어왔다.

아들, 의사인 아들은, 마치 환자에게 치료 방법을 이르듯이, 냉정히 차근차근히 이야기를 시작하였다. 외아들인 자기가 부모님을 진작 모시지 못한 것이 잘못인 것, 한집에 모이려면 자기가 병원을 버리기보다는 부모님이 농토를 버리시고 서울로 오시는 것이 순리인 것,

병원은 나날이 환자가 늘어 가나 입원실이 부족 되어 오는 환자의 삼분지 일밖에 수용 못 하는 것, 지금 시국에 큰 건물을 새로 짓기란 거의 불가능의 일인 것, 마침 교통 편한 자리에 삼층 양옥이 하나 난 것, 인쇄소였던 집인데 전체가 콘크리트여서 방화 방공으로 가치가 충분한 것, 삼층은 살림집과 직공들의 합숙실로 꾸미었던 것이라 입원실로 변장하기에 용이한 것, 각층에 수도·가스가 다 들어온 것, 그러면서도 가격은 염한 것, 염하기는 하나 삼만 이천 원이라, 지금의 병원을 팔면 일만 오천 원쯤은 받겠지만 그것은 새 집을 집을 고치는 데와, 수술실의 기계를 완비하는 데 다 들어갈 것이니 집값 삼만 이천 원은 따로 있어야 할 것, 시골에 땅을 둔대야 일 년에 고작 삼천 원의 실리가 떨어질지 말지 하지만 땅을 팔다 병원만 확장해 놓으면, 적어도 일 년에 만 원 하나씩은 이익을 뽑을 자신이 있는 것, 돈만 있으면 땅은 이담에라도, 서울 가까이라도 얼마든지 좋은 것으로 살 수 있는 것……

아버지는 아들의 의견을 끝까지 잠잠히 들었다. 그리고,

"점심이나 먹어라. 나두 좀 생각해 봐야 대답허겠다."

하고는 다시 개울로 나갔고, 떨어졌던 다릿돌을 올려놓고야 들어와 그도 점심상을 받았다.

점심을 자시면서였다.

"원, 요즘 사람들은 힘두 줄었나 봐! 그 다리 첨 놀 제 내가 어려서 봤는데 불과 여남은이서 거들던 돌인데 장정 수십 명이 한나잘을 씨름을 허다니!"

"나무다리가 있는데 건 왜 고치시나요?"

"너두 그런 소릴 허는구나. 나무가 돌만 허다든? 넌 그 다리서 고기 잡던 생각두 안 나니? 서울루 공부 갈 때 그 다리 건네서 떠나던 생각 안 나니? 시쳇사람들은 모두 인정이란 게 사람헌테만 쓰는 건 줄 알드라! 내 할아버님 산소에 상돌을 그 다리로 건네다 모셨구, 내가 천잘 끼구 그 다리루 글 읽으러 댕겼다. 네 어머두 그 다리루 가말 타구 내 집에 왔어. 나 죽건 그 다리루 건네다 묻어라……. 난 서울 갈 생각 없다."

"네?"

"천금이 쏟아신대두 난 땅은 못 팔겠다. 내 아버님께서 손수 이룩 허시는 걸 내 눈으루 본 밭이구, 내 할아버님께서 손수 피땀을 흘려 모 신 돈으루 장만허신 논들이야. 돈 있다고 어디가 느르지논 같은 게 있 구, 독시장밭 같은 걸 샤? 느르지 논둑에 선 느티나문 할아버님께서 심 으신 거구, 저 사랑 마당의 은행나무는 아버님께서 심으신 거다. 그 나 무 밑에를 설 때마다 난 그 어룬들 동상(銅像)이나 다름없이 경건한 마음이 솟아 우러러보군 헌다. 땅이란 걸 어떻게 일시 이해를 따져 사 구팔구 허느냐? 땅 없어 봐라, 집이 어딨으며 나라가 어딨는줄 아니? 땅이란 천지만물의 근거야. 돈 있다구 땅이 뭔지두 모르구 욕심만 내 문서 쪽으로 사 모기만 하는 사람들, 돈놀이처럼 변리만 생각허구 제 조상들과 그 땅과 어떤 인연이란 건 도시 생각지 않구 헌신짝 버리듯 하는 사람들, 다 내 눈엔 괴이한 사람들루밖엔 뵈지 않드라."

"……."

— 이태준, 돌다리

이번에 풀어볼 문제는 2012학년도 수능 언어영역에 출제된 현대소설 부분 이다. 1점짜리 문제는 건너뛰고, 남은 세 개의 문제를 풀어보도록 하자.

【문제 14번】

14. <보기>를 참고하여 위 글을 감상한 내용으로 가장 적절한 것은?

<보 기>
소설 속의 모든 인물은 자아이면서 동시에 세계의 일부이다. 자아를 작품 속에서 행동하는 주체라고 하면, 그 주체를 둘러싸고 있는 모든 것은 세계가 된다. 이러한 자아와 세계의 대립과 갈등으로 전개되는 것이 서사의 본질이다.

① '창섭'은 자아로서의 논리를 통해 세계와의 갈등을 해소하는 인물이다.
② '아버지'는 자아로서의 완고한 성격을 세계에 대해서도 유지하고 있는 인물이다.
③ 자아로서의 '창섭'은 세계의 부정적 속성들을 들추어 고발하고 있다.
④ 자아로서의 '아버지'는 '창섭'과 '어머니'의 대립과 갈등을 중재하고 있다.
⑤ 자아로서의 '어머니'는 자신 속에 존재하는 또 다른 자아와 갈등하고 있다.

'자아'라, 어려운 개념이다. 어려운 단어가 나오면 글이 쉽게 눈에 들어오지 않을 게다. <보기>를 보자. '자아를 작품 속에서 행동하는 주체라고 하면…'이라고 했다. 자, 이제 선택지에 있는 모든 '자아'라는 단어를 '작품 속에서 행동하는 주체', 조금 줄이면 '행동하는 주체' 로 모두 바꿔 넣는다. 좀 쉬워졌는가? 자, 이제 선택지를 보도록 하자.

선택지 1번 : ['창섭' 은 행동하는 주체로서의 논리를 통해 세계와의 갈등을 해소하는 인물이다.] 잘 읽어보면 알겠지만 '행동하는 주체' 라는 말은 그냥 '소설 속 인물이 자기 의지를 가지고 행동한다' 는 뜻에 지나지 않는다. 그리 어렵게 받아들이지 말자. 지문에서는 '창섭' 과 '아버지' 의 갈등이 주로 전개된다. <보기>에 따르면 '아버지' 는 '창섭' 을 둘러싸고 있는 것들 중 일부이므로 '세계' 라고 할 수 있다. '창섭' 과 세계와의 갈등이 지문 속에서 해소되고 있나? 그렇지 않다.

선택지 2번 : ['아버지' 는 그의 완고한 성격을 세계에 대해서도 유지하고 있는 인물이다.] 아예 '자아' 비슷한 말도 안 나오게 선택지를 바꿔버렸다. 이 문장에서는 어떤 느낌이 드는가? '아버지' 가 실존 인물인 듯한 느낌이 들 것이다. 바로 그것이 '작품 속에서 행동하는 주체' 이다. '아버지' 가 '창섭' 과 마주하면서 서울에 가지 않겠다고 하는 그 완고한 성격이 땅을 향해서도 표현되는가? 그렇지 않다. '그 나무 밑에를 설 때마다 난 그 어룬들 동상(銅像)이나 다름없이 경건한 마음이 솟아 우러러보군 헌다.' 등의 '아버지' 의 말을 통해서 그것을 짐작할 수 있다.

선택지 3번 : ['창섭' 은 세계의 부정적 속성들을 들추어 고발하고 있다.] '창섭'은 부모님을 서울로 모셔가려고 설득하고 있다. 그것에 사용된 화법은 '(시골의) 부정적 속성을 들추어 고발'하는 것이 아니라, '미래의 긍정적 효과에 대해 설명'하는 것이 대부분이다. 아버지가 '서울 안 갈란다'고 했을 때에도, '창섭'은 "네?"라며 반문을 할 뿐 별다른 대응을 하지 않는다. 적어도, 이 지문에서는, '창섭'이 세계(아버지가 되었든, 시골이 되었든)의 부정적 속성들을 들추어 고발하고 있지는 않다.

선택지 4번 : ['아버지'는 '창섭'과 '어머니'의 대립과 갈등을 중재하고 있다.] 처음부터 끝까지 다 틀렸다. '창섭'과 '어머니'가 대립하는 상황은 나오지 않고 있고, '아버지'가 어떤 갈등을 중재하고 있지도 않다.

선택지 5번 : ['어머니'는 자신 속에 존재하는 또 다른 자아와 갈등하고 있다.] 이중인격 이야기가 아니다. 당장 만화만 봐도, 두 가지 선택지를 두고 고민하는 주인공의 뇌 속으로 카메라가 들어가면 하얀 천사와 까만 악마가 갈등하곤 한다. 그냥 흔한 내적 갈등인 것이다. '어머니는 땅보다, 조상님들 산소나 사당보다 손자 아이들에게 더 마음이 끌리시는 눈치였다.'라는 문장을 보자. 어머니가 서울로 가기를 대놓고 주장하고 있지는 않다. 시골에서 살아도 크게 불편한 건 없지만 (정 불편했으면 말을 했겠지!) 서울의 손자 아이들과 한데서 살고 싶기도 하고. 요런 느낌. 정답은 선택지 5번.

15. [A]에 대한 이해로 가장 적절한 것은?

① 부모님을 서울로 모시려는 계획을 통해, 이해관계에 얽매이지 않는 '창섭'의 진심이 드러난다.
② 땅을 팔아야 하는 이유를 나열함으로써, '창섭'의 계획이 일목요연 하게 전해지는 효과가 생긴다.
③ 시국 탓에 건물 신축이 불가능하다는 사실을 통해, '창섭'이 현실 을 대하는 태도의 원인이 드러난다.
④ 건물의 일부에 직원 합숙실을 두려는 계획을 통해, 배려심 많은 '창 섭'의 성격에 개연성이 더해진다.
⑤ 자신의 의사를 전하는 '창섭'의 말투를 실감 나게 표현하여, '아 버지'를 대하는 '창섭'의 태도를 제시한다.

그리 어려운 문제는 아닌 것 같다. 차례차례 보도록 하자.

선택지 1번 : '창섭'의 이해관계는 돈, 이겠지. 조금이라도 더 부하게 살아 보려고 이러는 거니까.

선택지 2번 : 땅을 팔자고 주장하는 배경을 처음부터 끝까지 '~것'이라 는 말투로 차근차근 나열하고 있다. 하나도 빠짐없이 같은 형식의 문장, 그 야말로 '일목요연'이다. 정답!

선택지 3번 : '창섭'이 현실을 대하는 태도는 뭘까? 이 지문 속의 주된 갈등과 연결해 생각해 보면, 아마 땅을 사고 팔 수 있다는 정도의 태도가 아닐까. 그 태도의 원인이 시국 때문이라고 이해하는 것은 조금 아닌 것 같다. 그럴듯한 원인을 대자면 '물질만능주의' 라던가…?

선택지 4번 : 직원 합숙실을 두려는 계획이 아니라, 새 건물의 3층이 합숙소로 '사용되고 있던 것' 이다. 완전히 틀린 이야기.

선택지 5번 : 선택지 2번에서도 이야기했지만, '~것' 이라는 말투, 다시 말해 창섭의 이야기가 간접적으로 독자들에게 전해지고 있다. 말투를 실감나게 표현하지 않았다.

16. <보기>를 참고하여 위 글을 해석한 내용으로 적절하지 않은 것은?

<보 기>
'장소애(場所愛)' 는 인간의 안정된 삶을 보호하는 터전인 장소에 애착하는 심성이다. 근대 이전에는 '땅' 과 '집' 이 대표적인 장소애의 대상이었으나, 근대 이후 도시 사회에서는 이들이 도구적 대상이나 교환의 대상으로 변질되었다.

① '창섭' 에게 집은 도구적 가치를 지닌 것으로, 장소애의 대상이 아니다.
② '아버지' 에게 돌다리는 삶의 추억과 애환이 투영된 장소애의 대상이다.

③ 마당의 은행나무는 '아버지'에게 장소애의 대상인 집의 성격을 강화하고 있다.

④ 땅에 애착하는 '아버지'의 생각과 행동은 땅에 대한 장소애의 의미를 부각하고 있다.

⑤ 땅을 장소애의 대상으로 여기는 의식이 두루 퍼져 있는 당시 상황이 전제되어 있다.

선택지 1번 : '창섭'은 집과 땅을 사고 팔 수 있다고 여기고 있고, '창섭'에게 그것들은 자신의 재물을 늘리기 위한 도구로서의 가치를 가진다. 따라서 그에게는 장소애의 대상이 아니다. 맞는 설명이다.

선택지 2번 : '아버지'는 어릴 적의 기억을 언급하며 나무다리가 있는데도 굳이 돌다리를 고치려고 하고 있다. 언뜻 보면 비합리적인 이 행동을 '아버지'가 당연하게 여기는 이유는 그 돌다리가 '아버지'에게 있어서 장소애의 대상이기 때문. 적절한 해석이다.

선택지 3번 : '그 나무 밑에를 설 때마다 난 (중략) 경건한 마음이 솟아 우러러보군 헌다.'라는 아버지 말에서 그 근거를 찾을 수 있다. 맞는 해석.

선택지 4번 : '아버지'의 생각과 행동은 땅에 대한 장소애의 의미를 부

각하고 있고, '창섭'의 생각과 행동은 땅에 대한 '도구적 대상'으로서
의 의미를 부각하고 있다.

선택지 5번 : '돈 있다고 땅이 뭔지도 모르고 사 모으기만 하는 사람들,
변리만 생각하고 땅을 헌신짝 버리듯 하는 사람들'이라는 아버지의 마
지막 말에서 찾을 수 있다. 당시에는 땅을 장소애의 대상이 아니라 쉽게
사고팔 수 있는 대상으로 여기는 의식이 두루 퍼져 있었던 것 같다. 적
절하지 않은 풀이. 정답은 선택지 5번이다.

5) 쓰기/어법 – 어색한 걸 찾아라

정말 기본적인 문법이나 언어적 지식은 있어야 한다. 어법 파트에서는
체언이나 용언 같은 것들, 쓰기 파트에서는 감각적 이미지나 비유, 대구,
대조 등이 있겠다. 그리고 그 지식을 알고 있다면 나머지 문제를 푸는
데 필요한 내용들은 문제의 <보기>에서 모두 알려 주기 때문에, 내용
해석만 잘 하고 문제를 풀면 거의 틀리지 않는다.

【쓰기】
듣기 문제가 끝나고 문제지를 착 넘기자마자 만나는 문제들이다. 대표적
인 유형으로는 주어진 자료에서 적절한 내용을 이끌어내는 문제, 글의

개요를 수정/보완하는 문제, 초고를 보고 적절히 고쳐 쓰는 문제가 있다. 유형의 개수 자체가 그리 많은 편이 아니어서 어느 정도 감을 잡으면 웬만한 문제는 어렵지 않게 맞출 수 있다.

– 주어진 자료에서 적절한 내용을 이끌어내는 문제

주어지는 자료는 크게 일반적인 주제가 있는 글과 특정한 물건을 소재로 사용한 글로 나뉜다. 일반적인 주제가 있는 글은 그 글을 '바탕으로' 내용을 이끌어내면 되기 때문에 사실을 판단하는 문제와 같이 상대적으로 쉬운 문제들이 출제된다. 반면 특정한 물건을 소재로 사용한 글은 실제 쓰려고 하는 글과는 직접적인 관계가 아예 없다. 대신 속성의 간접적인 공통점에 착안해서 문제를 풀라고 요구하는 경우가 많다. 비유라고 할까. 후자의 자료가 주어지는 문제는 풀기도 어렵지만, 문제를 내기도 어렵다. 실제로 시중에 판매되고 있는 '실전모의고사'라는 책들을 보면 변별력을 높인다고 하나같이 까다로운 유형들을 선택해서 문제를 출제해 놨는데, 그게 또 하나같이 애매-하다. 답지를 보면 내가 고른 답이 틀렸다는데, 아무리 봐도 내가 더 맞는 것 같단 말야. 그러니 여러분은 괜히 시간 들여가면서 어줍잖은 문제 풀지 말고 까다로운 문제일수록 양보다는 질에 우선순위를 두도록 하자.

– 글의 개요를 수정/보완하는 문제

문제를 풀면서 설명을 하도록 하자.

7. 〈보기〉는 '거짓말'에 관한 기사를 학교 신문에 연재하기 위한 계획의 일부이다. 개요의 수정·보완 방안으로 적절하지 않은 것은? [3점]

〈보 기〉

◇ 기획 의도 : 거짓말이 넘치는 우리 사회의 문제점을 살펴 바람직한 삶의 방향과 공동체상을 모색함.

◇ 연재 계획
　[1회] 거짓말의 심리적 동기
✔[2회] **거짓말하는 사회와 그 폐해**
　[3회] 신뢰를 바탕으로 소통하는 사회를 위한 제언

◈[2회] 작성 계획
• '사례→원인(구조 및 제도적 차원) →폐해'의 순서로 전개
• 전체 연재 기사와의 연계성 고려

◈[2회] 개요
　1. 우리 사회의 거짓말 양상
　가. 자기 방어와 자기 보호 심리
　나. 루머와 흑색선전
　다. 논문 표절, 실험 결과 조작
　라. 근절되지 않는 주변국의 한국사 왜곡

2. 거짓말이 성행하는 원인
  가. 과도한 업적주의와 성공 지상주의
  나. 사회적 발언에 대한 검증 제도의 미비

3. 거짓말이 사회에 미치는 악영향
  가. 실효성 있는 제재 수단 부족
  나. 불신 풍조의 확산으로 사회적 소통 단절
  다. 사회 구성원 간 연대감 파괴

① '1-가'는 [1회]의 내용에 해당하므로 '사실 은폐와 위증'으로 교체한다.
② '1-라'는 [2회]의 내용 범위를 벗어나므로 삭제한다.
③ [2회]의 작성 계획과 '1'의 내용을 고려하여, '2'에 '신뢰성 없는 정보가 쉽게 확대 재생산되는 구조'를 추가한다.
④ '3-가'는 상위 항목과의 관계와 [2회]의 작성 계획을 고려하여, '2'의 하위 항목으로 옮긴다.
⑤ '3-나'는 [3회]에서 다루는 것이 효과적이므로, '사회적 투명성을 확보하기 위한 제도 마련'으로 수정한다.

선택지 1번 : '1-가'가 [2회]의 내용에 적절한지, 또 교체한 내용이 상위 항목과 잘 연결되는지를 모두 묻는 문제. 첫째, '자기 방어와 자기 보호 심리'는 [1회]의 내용에 해당한다. '자기를 방어하고 싶으니까 거짓말을 하게 된다.' 적절하지 않은가. 둘째, '1-가' 자리에 '사실 은폐와 위증'을 넣어 보자. '우리 사회의 거짓말 양상'에 적절히 들어맞는다. 적절함!

선택지 2번 : 음… 볼 것도 없다. 적절함.

선택지 3번 : [2회]의 '작성 계획'을 보면 구조 및 제도적 차원에서 모두 원인을 찾아야 한다고 나와 있다. '2-나'에서 제도적 차원의 원인을 제시했고, 이제는 구조적 차원에서의 원인을 제시해야 할 차례이므로 '신뢰성 없는 정보가 쉽게 확대 재생산되는 구조'는 적절하다. 또한 '1'에서의 '루머와 흑색선전' 항목을 고려하면 이 또한 적절하다.

선택지 4번 : '실효성 있는 제재 수단 부족'은 악영향이 아니라 거짓말이 성행하는 원인에 해당한다.

선택지 5번 : 언뜻 보면 맞는 얘기인데, 틀린 답이다. 선택지를 이렇게 바꿔 볼까? ['3-나'를 '사회적 투명성을 확보하기 위한 제도 마련'으로 수정하면 [3회]에서 다루는 것이 효과적이다.] 응, 맞는 얘기지. 앞뒤를 뒤집어 놓은 것이다. '3-나'의 '불신 풍조의 확산'은 확실히 거짓말이 사회에 미치는 악영향이 맞다. 따라서 수정할 필요가 없다. 정답은 선택지 5번.

– 초고를 보고 고쳐 쓰는 문제
말 그대로, 초고가 주어지고 글쓰기 계획을 자료로 준 후, 글쓰기 계획에 맞게 초고를 수정하는 문제이다. 주로 문제의 소재로 등장하는 것은 문맥상의 어울림, 글의 전개 순서, 문단이나 문장의 순서, 중심 소재와 어울리지 않는 문장이나 문단, 글쓰기 계획에는 있으나 초고에서는 누락된 내용 등이다. 문맥이나 글의 전개를 수정하는 것은 글을 자연스럽게 읽기 위해서이므로, 역으로 '자연스럽지 않게 수정한 것' 을 찾으면 정답이 된다. 중심 소재나 누락된 내용의 경우는 초고만으로는 빠진 내용을 눈치 채기 쉽지 않으므로, 글쓰기 계획을 꼭 참고하면서 초고를 읽을 것.

【어법】

일반적으로 우리가 국어를 말하면서 형태소나 문법에 대해 생각해가며 이야기하지는 않으므로 국어 어법은 상대적으로 (어쩌면 영어 문법보다도 더) 사람들에게 생소한 편이다. 수능에 출제되는 어법 문제는 그것을 노리는 문제이다. 하지만 '지식' 을 묻는 문제가 아닌, '보기' 를 보면서 국어의 원리에 대해 탐구하는 과정을 문제로 출제한 것이므로 선택지와 의식의 흐름을 같게 하면 충분히 풀 수 있다. 필요한 지식은 '시제', '품사', '문장 성분' 등 중학교 때도 배우고, 영어 시간에도 배우는 기초적인 것들 뿐. 문제를 풀면서 더 자세히 알아보도록 하자.

(2012 수능 12번 문제)

12. 〈보기〉를 바탕으로 '동시' 의 의미를 나타내는 연결어미 '-(으)면서' 와 '-자' 에 대해 탐구한 내용으로 적절하지 않은 것은?

〈보 기〉
ㄱ. 동수는 피아노를 치면서/*쳤으면서 노래를 불렀다.

ㄴ. 동수가 집을 <u>나서자/*나섰자</u> 비가 쏟아지기 시작했다.

ㄷ. *동수가 집을 막 나서자 (동수는) 학교에 갔다.

ㄹ. 동수는 <u>상냥하면서/*상냥하자</u> 차분하다.

ㅁ. 동수야, <u>빵 먹으면서/*먹자</u> 공부해라./공부하자./공부할래?

ㅂ. 동수는 뉴스를 보지 않으면서 텔레비전을 켜 놓았다.

(*는 문법적으로 잘못된 것.)

① ㄱ과 ㄴ을 보니, '-(으)면서'와 '-자'는 과거 시제를 나타내는 어미와 함께 쓰일 수 없군.

② ㄱ, ㄴ과 ㅁ을 보니, '-(으)면서'는 '-자'와 달리 다양한 문장 유형과 어울릴 수 없군.

③ ㄴ과 ㄷ을 보니, '-자'로 연결된 문장은 앞뒤 주어가 달라야 하는군.

④ ㄹ을 보니, '-(으)면서'는 '-자'와 달리 형용사와 어울릴 수 있는데, 이 경우 '동시'와 '나열'의 의미를 모두 나타내는군.

⑤ ㅂ을 보니, '-(으)면서'가 부정 표현과 어울리면 '동시'의 의미를 나타내기보다는 그 행위를 하지 않음을 강조하는군.

'동시'는 어떤 생소한 용어가 아니라 '같은 시간'을 나타내는 그냥 단어다. '동시에' 같은 표현에 쓰는 그 동시 맞다. 또한 이런 문제는 <보기>에 없는 '반례'를 찾는 문제가 아니라, <보기>를 보고 '잘못 탐구한 것'을 찾는 문제이다. <보기>에 주어진 자료만으로 충분히 풀 수 있다.

선택지 1번 : 과거 시제를 나타내는 '어미'와 함께 쓰일 수 없다고 주장하고 있다. '어미'에 주목해야 하는 이유는 ㄱ과 ㄴ 모두 문장의 시제가 '과거'이기 때문. 문장의 시제가 아니라 '어미'의 시제에 주목해야 한다. 맞는 내용.

선택지 2번 : ㅁ을 보았을 때 다양한 문장 유형과 어울릴 수 없는 것은 '-(으)면서'가 아니라 '-자'이다. 거꾸로 설명한 내용이다. 정답은 선택지 2번

선택지 3번 : 직관적으로 설명하자면, '-자' 앞에 나오는 문장은 그 행동을 하기에 여념이 없는 상태라고 보면 된다. 즉 앞 문장의 주어는 뒤 문장에 나오는 행동을 할 수 없는 상태. 주어가 달라야 한다.

선택지 4번 : '상냥하다'는 형용사이다. (국어의 형용사는 '~다'로 끝난다. 영어와는 다름에 유의!) 따라서 '-(으)면서'는 형용사와 어울릴 수 있는데, 이때에는 '상냥하기도 하고 차분하기도 하다'는 뜻이 되므로 '나열'의 의미 또한 가지고 있다고 볼 수 있다.

선택지 5번 : 맞는 말이다. 단순히 '뉴스를 보지 않는 상태에서 텔레비전을 켜 놓았다'는 뜻이라기보다는, '(지금 TV에서 하고 있는) 뉴스를 보지 않는데 텔레비전을 켜 놓았다'는 어감이므로 '동시에 행동하는 것'과는 다소 거리가 있다.

···
수리영역
···

수학이 어려워요

많은 학생들이 수학 때문에 힘들어한다. 내 친구들 중에도 '언어나 외국어는 좀 되는데 수학이···' 하고 뒷말을 흐리는 사람들이 많다. 왜 그럴까? 나는 '감이 통하지 않아서' 라고 생각한다. 언어영역이나 외국어영역에서는(이른바 '말 되는 것' 을 찾는) 감 덕에 눈치만 잘 보면 어느 정도 점수를 확보할 수 있다. 하지만 수리영역은 다르다. 답이 명확하고 풀이가 명확하기 때문에 눈치싸움을 할 만한 구멍이 거의 없다. 오로지 실력으로 승부하는 과목이 '수학' 이다.

수리영역은 공부 잠깐 한다고 점수가 오르거나, 조금 안 한다고 점수가 떨어지는 영역이 아니다. 그러니 열심히 공부했는데도 점수가 안 나온다고 너무 아쉬워하지 말길 바란다. 그래도 당신이 열심히 수학에 투자하는 동안 점수로 잘 드러나지는 않지만 '근본적인 실력' 이 올라가고 있다. 이런 답보 상태가 유지되다 실력이 무르익은 어느 순간, 당신이 바라던 그 점수가 툭 튀어 나올 것이다. 그러니 이 단계에서 수학을 포기해 버리는 우를 범하지 않길 바란다.

수리영역은 '뚝배기'와 같다. '불'이라는 이름의 노력을 계속 지펴주어도 뚝배기 속 음식은 잠잠하기만 한다. 하지만 온도는 조금씩 오르다가 임계점을 지나면 부글부글 끓게 된다. 이때 불을 끈다고 해도 뚝배기는 여전히 뜨겁게 지글지글 끓는다. 그러니 당분간 음식이 식는 일은 없을 것이다.

그러므로 수학 때문에 고민인 당신이여, 절대로 당신의 불을 스스로 꺼버리지 않길 바란다. 열심히 불을 지펴서 한 뚝배기 해야 하지 않겠는가? 뚝배기를 데우고 있던 불이 꺼지는 그 순간, 당신은 잘 익은 음식을 절대로 먹을 수 없을 것이다.

또한 문제를 푸는 데에 꼼수를 부리는 것은 뚝배기 속에 빨대를 꽂아넣고 숨을 불어넣는 것과 마찬가지다. 보글보글 잘 끓는 것처럼 보이지만 내용물은 아직 차다. 한두 번은 좋답시고 먹을 수 있을지 몰라도, 절대로 실력 향상에 도움이 되지는 않는다. 최대한 자제하길.

수학을 공부할 때 가장 중요한 것은 자기 수준에 맞는 책을 선택하는 것이다. 평소 5~6등급 나오던 사람이 수리영역을 공부하겠다고, 수능이 얼마 안 남았다고 '실전모의고사' 같은 걸 사서 풀면 성적이 오를까? 아마 아닐 것이다. 이런 상황에 '실전모의고사' 덕분에 성적이 올랐다고 하는 것은 그냥 찍어 맞힌 것과 다르지 않다고 과감히 말할 수 있다. 이 사람에게 가장 중요한 것은 '기본으로 돌아가는 것'이다. 혹시나 고등학교 수학이 버겁다면, 과감하게 중학교 수학부터 정복해 나가는 것도 하나의 방법이다. 쓸데없는 자존심은 집어 던져라. 중요한 것은 수학 실력이고, 다음으로 수리영역 점수이다.

나는 고등학교 2학년 9월 모의고사 때 수학을 신나게 날려먹은 뒤에, 그날로 집에 가서 그때까지 손도 한번 댄 적 없었던 '수학의 정석'을 노트에 베껴 쓰기 시작했다. 고등학교 1학년 수학(10-가, 나)부터 수학 2까지 총 네 권을 베꼈다. 한 문장 한 문장 베껴 쓰고 연습문제도 노트에 풀어 보면서 어렴풋이 알던 것도 확실히 알게 되었고, 알던 것도 더 자세히 알게 되었다. 대학에 입학한 지금도 내가 베꼈던 노트들은 '노력의 상징'으로서 내 방 책꽂이의 한켠을 차지하고 있다. 물론 이것들이 바로 나의 수학 점수에 반영되지는 않았다(점수로만 보면 수능 때가 되어서야 끓었다). 혹시 수학에 어려움을 겪고 있는 사람이라면(특히 고3을 앞두고 있다면) 기본서 하나를 골라 나처럼 공부하는 것을 조심스레 추천해 본다.

『수학의 정석』을 베껴 쓴 노트들.

들어가면서

작년까지는 출판되는 EBS 수능 교재가 약 40여 권(언수외 전체)으로, 문제의 양(=같은 유형의 반복)은 확실히 보장해 주었나. 하지민 올해부터는 섹션별 문제집인 '인터넷 수능' 시리즈에서 수리영역이 없어짐으로써 풀 수 있는 문제가 적어졌다. 그만큼 문제 하나하나에 대해서 꼼꼼하게 문제를 푸는 것이 중요해 보인다. 답만 맞았다고 넘어가지 말고, 조금이라도 미심쩍은 부분이 있으면 해설을 한 줄 한 줄 보면서 확인해 보자. 또, 이면지를 사랑하라.

1) 고등학교 1학년 과정

직접적으로 출제되지는 않지만 이후의 개념들과 연관 지어서 이 부분 내용이 흔히 나오기 때문에 꼭 알아 두어야 하는 부분이다. 산술/기하평균의 의미나, 사인법칙과 코사인법칙과 같은 내용들에 대해서 외워 둘 필요가 있다. 꼭 따로 익히지 않더라도, 문제에 나오는 경우가 많기 때문에 그럴 때마다 숙지해 두어도 괜찮다.

2) 수학 1

- 행렬

합답형으로 빠짐없이 출제되는 단원이다. 합답형 문제를 풀 때의 공식은 없다. 역행렬이 존재하는지 여부(문제에서 주어지거나, 문제에서 주어지지 않더라도 조건을 살펴보면 나오는 경우도 있다)를 특히 잘 살펴야 하며, 때에 따라 양변에 적절한 행렬을 곱하거나 나눔으로써 해결해야 한다. 주로 문제집의 해설에는 반례를 이용해서 해설하는 경우가 많은데, 물론 반례가 명제가 틀린 것을 확인하는 데 가장 쉬운 방법이긴 하나 굳이 찾으려고 노력하기보다는 머릿속으로 특정한 상황을 가정하고 문제를 푸는 것이 조금 더 간단하다.

행렬의 합답형 문제

행렬의 합답형 문제는 풀기 상당히 까다로운 문제에 속한다. 유형에 따라 해법이 천차만별이고, 대부분의 해답지에서는 반례로만 해설을 적어 놓는 경우가 많아 틀린 문제 복습에도 어려움이 있는 경우가 있다. 심지어는 문제를 푸는 과정에서 반례를 찾으려고 일일이 노력하는(틀린 방법이라는 건 아니지만 힘든 길이라는 건 맞다) 사람들도 봤다. 여기서는 행렬의 합답형 문제를 푸는 몇 가지 간단한 원칙과, 이를 시험해 보는 문제를 하나 풀어 보도록 하자.

첫째, 역행렬의 존재 여부를 섣불리 장담하지 말 것. 서로 곱해서 영행렬이 되는 행렬들(영인자들)은 역행렬이 존재하지 않는다. 대부분의 합답형 문제들은 그 성분이 -1, 0, 1 중 하나이고 그만큼 서로 곱해서 영행렬이 될 가능성은 높아지므로 항상 주의를 기울일 것!

둘째, 행렬을 곱하고 나누어 원하는 행렬로 나타낼 것. 일반적으로 수리 문제를 푸는 방식과 똑같다. 한순간에 답이 뚝딱! 하고 나오는 것이 아니다. 주어진 식도 조건에 맞도록 바꾸고, 목표로 하는 식도 조건에 맞도록 정리해서 그 사이의 접점을 찾으면 된다. 그것이 행렬의 합답형 문제를 푸는 방식이며, 더 나아가 수리영역 전체의 키포인트라고 할 수 있다. 자, 이제 문제를 하나 풀어 보도록 하자.

(2011 고3 10월 학력평가)

10. 두 이차정사각행렬 A, B에 대하여 옳은 것만을 <보기>에서 있는 대로 고른 것은? (단, E는 단위행렬이고, O는 영행렬이다.) [3점]

─────< 보 기 >─────

ㄱ. $AB = BA$이면 $A^2B = BA^2$이다.

ㄴ. $AB = O$이면 $AB = BA$이다.

ㄷ. $A^2B = E$이면 $AB = BA$이다.

① ㄱ   ② ㄱ, ㄴ   ③ ㄱ, ㄷ

④ ㄴ, ㄷ   ⑤ ㄱ, ㄴ, ㄷ

난이도가 그리 낮지 않은 문제로 선정해 보았다. 나는 어려운 문제에 끙끙대고 덤비는 것보다 여러분이 작은 것 한 문제라도 더 맞추길 바라므로. (^^)

보기 ㄱ : AB=BA라는 조건이 주어져 있다. 행렬의 곱셈 문제가 나올 때 이 조건이 나오면 복잡한 문제도 많이 힘들이지 않고 풀 수 있다. 일반적인 다항식의 곱셈처럼 행렬의 곱셈을 처리할 수 있으니 말이다.

여기서는 A^2B, BA^2 두 식을 제곱 없이 펼쳐 보도록 하겠다. $A^2B=AAB$, $BA^2=BAA$로 펼칠 수 있다. AB=BA라는 교환법칙이 성립하므로, 이것을 이용해서 저 펼친 식의 B의 위치를 요리조리 바꾸면 된다.

$A^2B=AAB=A(AB)=A(BA)=(AB)A=(BA)A=BAA=BA^2$라는 단계적 과정을 통해서(중요!) A^2B, BA^2가 서로 같다는 사실을 밝혀 낼 수 있다. 참 쉽지?

보기 ㄴ : 아까 말했던 대로 '반례 찾기'가 편하느냐, '직접 풀기'가 편하느냐가 논란이 되는 문제유형이다. 반례를 찾는 것이 오히려 힘들 때도 있지만, AB=O라는 조건 하나밖에 주어지지 않은 상황에서는 반례를 찾는 것이 더 쉽다. 조건이 하나밖에 없고 행렬은 두 개니 A와 B는 여러 개가 나올 수밖에 없고, 우리는 그 중에서 '성립하지 않는 것' 하나만 찾을 수 있다면 이 문제를 풀 수 있기 때문이다. 서로 곱해서 O가 되는 두 행렬을 만드는 방법은 어렵지 않다. 곱셈을 했을 때 서

로 겹치지 않는 자리에다 교묘히 1을 배치한 후, 나머지 세 자리에는 0
을 넣어주면 된다. 일례로 이런 두 행렬이 있을 수 있다.

$$A = \begin{pmatrix} 0 & 0 \\ 0 & 1 \end{pmatrix}, B = \begin{pmatrix} 1 & 0 \\ 0 & 0 \end{pmatrix} \; : \; AB = \begin{pmatrix} 0 & 0 \\ 0 & 0 \end{pmatrix}$$

이 행렬을 순서를 바꾸어 곱해 보면… O이군! 하고 넙죽 ㄴ을 답으로
체크했다간 함정에 걸릴 수 있다. 이런 행렬도 존재할 수 있기 때문이다.

$$A = \begin{pmatrix} 0 & 0 \\ 0 & 1 \end{pmatrix}, B = \begin{pmatrix} 0 & 1 \\ 0 & 0 \end{pmatrix} \; : \; AB = \begin{pmatrix} 0 & 0 \\ 0 & 0 \end{pmatrix}, \; BA = \begin{pmatrix} 0 & 1 \\ 0 & 0 \end{pmatrix}$$

반례가 되는 행렬은 이것 말고도 몇 개가 더 있기 때문에, 이 문제에서
반례 찾기는 그다지 어렵지 않다. 반례를 찾는 데 조금 힘을 들였다면,
반례의 감을 찾는 데 노력을 좀 기울여야 할 듯하다.

보기 ㄷ : $A^2 B = E$ 라는 조건에서 우리는 A와 B가 역행렬이 존재하는
행렬이라는 것을 단박에 알 수 있어야 한다. 뜬금없이 이게 무슨 소리냐
고? 역행렬의 정의를 떠올려보라.

"AX=E이면 A의 역행렬은 X이고, XA=E이다."

따라서 AAB=E에서 A(AB)=E이므로 A의 역행렬은 AB, (AA)B=E이
므로 B의 역행렬은 AA가 된다(행렬의 제곱을 일부러 풀어 쓰는 것은
이해를 쉽게 하기 위함이니 이해 바란다.). 그리고 정의에서 "AX=
XA=E"에 의하여 A(AB)는 (AB)A와 같다.

AAB = ABA

이 식의 양변의 왼쪽편에다 아까 '존재함이 밝혀진' (중요!) A의 역행렬을 곱한다면? AB=BA가 툭 튀어 나온다. 문제 해결!

– 지수/로그

이전 교육과정 수학1의 첫 단원으로, 그만큼 쉽다. 시험에서는 주로 맨첫 부분의 2점짜리 계산 문제로 나오고, 중반쯤의 실생활 적용 문제로 많이 나오는 편. 후자의 경우 알파벳이 여러 개가 나와 자칫하면 길을 잃을 수 있지만, 문제를 잘 읽고 그대로 대입만 잘 하면 맞힐 수 있다.

상용로그로 넘어와서는 합답형이 많이 나오는 편인데, 지표와 가수의 정의를 잘 알고 있어야 한다. 특히 가수는 0 이상 1 '미만'이라는 것을 풀다 보면 까먹는 일이 생기므로, 놓치지 않도록 조심하자. 같은 정의에 의해서 가수가 0일 때와 0이 아닐 때로 경우를 구분하여 푸는 문제도 합답형의 보기로 가끔 나온다.

지수로그 정복하기 - 실생활 문제

2011학년도 수능 수리 가형 9번 문제이다. 지수로그의 실생활 문제는 수리영역 내에서 문제가 매우 긴 편에 속하고, 배점도 적지 않은 비율로 4점대 문제가 출제되는 만큼 중요도 있는 문제 유형이다. 이번 글에서는 실생활 문제에 대한 접근법을 익혀보도록 하겠다.

9. 지반의 상대밀도를 구하기 위하여 지반에 시험기를 넣어 조사하는 방법이 있다. 지반의 유효수직응력을 S, 시험기가 지반에 들어가면서 받는 저항력을 R이라 할 때, 지반의 상대밀도 D(%)는 다음과 같이 구할 수 있다고 한다.

$$D = -98 + 66\log\frac{R}{\sqrt{S}}$$

(단, S와 R의 단위는 metric ton/m^2이다.)
지반 A의 유효수직응력은 지반 B의 유효수직응력의 1.44배이고, 시험기가 지반 A에 들어가면서 받는 저항력은 시험기가 지반 B에 들어가면서 받는 저항력의 1.5배이다. 지반 B의 상대밀도가 65(%)일 때, 지반 A의 상대밀도(%)는?
(단, $\log 2 = 0.3$으로 계산한다.) [3점]

① 81.5　　② 78.2　　③ 74.9　　④71.6　　⑤ 68.3

먼저 문제를 보자. 문제를 크게 두 부분으로 나눌 수 있다. 관계식과 그 식의 의미를 설명하는 앞부분, 그 관계식을 이용할 수 있는 정보들을 알려주는 뒷부분으로 나누어진다. 앞부분을 잘 읽어야 뒷부분에 적용할 수 있으므로, 어느 한 부분 빠짐없이 모두 읽도록 하자.

다음으로 보아야 할 부분은 관계식이다. 지수로그 실생활 문제에 나오는 관계식은 대부분 변수 3개 이상의 식으로 되어 있다. 하지만 변수 각각에 대해서 의미를 모두 정해 주며, 변수 1개 내지 2개를 남기고는 모두 활용할 수 있는 정보가 주어지기 때문에 걱정하지 않아도 된다.

다음 단계는 문제 뒷부분에 주어진 정보를 바탕으로 식을 수립하고, 문제를 풀어나가는 것이다. 여기서는 지반 A의 상대밀도를 D(A), 지반 B의 저항력은 R(B)와 같은 방법으로 표현하겠다.

$$D(B) = -98 + 66\log\frac{R(B)}{\sqrt{S(B)}}$$

A보다 B를 먼저 적은 이유는, 문제 뒷부분에 나오는 A의 유효수직응력과 저항력이 B의 실수배로 표현되어 있기 때문이다. 따라서 B를 먼저 적어 놓고 시작하는 것이 편하리라고 판단했다. 이제 A에 대한 식!

$$D(A) = -98 + 66\log\frac{R(A)}{\sqrt{S(A)}} = -98 + 66\log\frac{1.5R(B)}{\sqrt{1.44S(B)}}$$

조금 더 식을 정리해 보도록 하자. 우리의 목표는 D(A)=D(B)+C 형태나 D(A)=C*D(B) 형태로 만드는 것!

$$D(A) = -98 + 66\log\frac{1.5R(B)}{\sqrt{1.44S(B)}} = -98 + 66\log\frac{5}{4}\frac{R(B)}{\sqrt{S(B)}} = -98 + 66\log\frac{R(B)}{\sqrt{S(B)}} + 66\log\frac{5}{4}$$

log항을 하나 따로 떼어 냄으로서, 우리는 D(A)=D(B)+C 형태로 정리하는 데에 성공했다. 여기서 우리는 문제에서 주어진 log2=0.3(=>log2 +log5=1에서 log5=0.7로도 바꿀 수 있다)를 이용해서 따로 남겨진 log항을 풀기만 하면 된다.

$$66\log\frac{5}{4} = 66\log5 - 66\log4 = 66 \times 0.7 - 66 \times 0.6 = 6.6$$

따라서, D(A)=D(B)+6.6이다. 문제 풀이 끝!

A보다 B를 먼저 적은 이유는, 문제 뒷부분에 나오는 A의 유효수직응력 과 저항력이 B의 실수배로 표현되어 있기 때문이다. 따라서 B를 먼저 적어 놓고 시작하는 것이 편하리라고 판단했다. 이제 A에 대한 식!

조금 더 식을 정리해 보도록 하자. 우리의 목표는 $D(A)=D(B)+C$ 형태나 $D(A)=C*D(B)$ 형태로 만드는 것!

log항을 하나 따로 떼어 냄으로서, 우리는 $D(A)=D(B)+C$ 형태로 정리하는 데에 성공했다. 여기서 우리는 문제에서 주어진 $\log2=0.3$ ($=>\log2+\log5=1$에서 $\log5=0.7$로도 바꿀 수 있다)를 이용해서 따로 남겨진 log항을 풀기만 하면 된다.

따라서, $D(A)=D(B)+6.6$이다. 문제 풀이 끝!

- 수열

크게 두 가지, 등차수열과 등비수열로 내용이 갈리는 단원이다. 속을 자세히 들여다보면 계차수열이라던가 조화수열이라던가 해서 새로운 형태의 수열들을 찾을 수 있지만, 기본적으로는 등차수열과 등비수열에서 조금씩 변형된 형태. 단원의 양 자체가 매우 적은 편이기 때문에 일반적인 문제는 시험의 앞부분에서 2점 혹은 3점짜리 문제로 나온다. 대신 다른 단원과 엮이거나 복잡한 점화식이 등장하면 한없이 어려워지는 단원이 또 수열 단원이다. 점화식을 활용해서 낼 수 있는 문제는 굉장히 다양하기 때문에(역수를 취하거나, 부분분수를 이용하거나, 처음부터 더하거나 곱하거나), 한 유형을 익혔다고 해서 마스터했다고 생각하지 말길 바란다. 최대한 많은 유형을 섭렵할 것이 이 단원 고득점의 포인트.

이 글에서는 수열 문제가 다른 단원의 내용과 융합한 형태의 하나인 '상용로그와의 융합'을 소재로 한 문제에 대해서 다뤄 보도록 하겠다.

25. 첫째항이 16이고 공비가 $2^{\frac{1}{10}}$인 등비수열 $\{a_n\}$에 대하여 $\log a_n$의 가수를 b_n이라 하자.

b_1, b_2, b_3, ..., b_{k-1}, b_k, $b_{k+1}+1$

이 주어진 순서로 등차수열을 이룰 때, k의 값을 구하시오. (단, $\log 2 = 0.301$로 계산한다.) [4점]

등비수열 $\{a_n\}$이 있을 때, 거기에 로그를 취한 $\log a_n$는 등차수열을 이룰 수밖에 없다. a_n의 첫째항이 16이므로 $\log a_n$의 첫항은 $4\log 2 =$ 1.204가 되고, 여기에 a_n의 공비의 상용로그값($\frac{1}{10}\log 2 = 0.0301$)을 조금씩 더해감으로서 등차수열을 이루는 것이다. 이렇게 만들어낸 등차수열 $\{\log a_n\}$의 일반항은 다음과 같다.

$\log a_n = 1.204 + 0.0301(n-1)$

진짜로 구하고자 하는 것은 따로 있다. 등차수열을 이루는 것은 $\log a_n$가 아닌 가수 b_n, 그것도 k+1번째 항에는 무슨 일인지 1이 더해져 있다. 이건 무슨 뜻일까? 가수는 항상 0 이상 1 미만이라는 지식 하나가 이 난관을 헤쳐 나가는 열쇠가 된다. '가수' b_n에 대한 일반식은 다음과 같다.

$b_n = 0.204 + 0.0301(n-1)$ (단, $b_n < 1$)

정리하자면 이렇다. b_n은 b_1 (=$\log a_1$의 가수)부터 b_k까지 큰 문제없이 등차수열을 이루며 증가하다가, k+1번째 항에서 1을 초과해 버린 것이다. 따라서 가수에서 지표로 자연수 1을 넘겨 준 뒤, 다시 1 미만의 숫자로 돌아간 것. 여기서 우리는 b_n이 1보다 작으면서 최댓값을 가질 때의 n의 값이 k, 즉 정답이라는 것을 알 수 있다.

$0.204 + 0.0301(n-1) < 1$

$2040 + 301(n-1) < 10000$ (소수점을 없애기 위해 1만배)

$301(n-1) < 7960$

$n-1 < 26.***$

$n < 27.***$

n이 참으로 애매하게 나왔다. 27도 아니고 28도 아니고 그 중간이라니. 그럴 때는 (이론적으로는 맞지 않지만) 이렇게 생각해보자. 증가하는 등차수열이므로 n이 커질수록 숫자는 증가하는데, 이 수열의 27.***번째 항의 값이 정확히 1이다. 그렇다는 것은? 27번째 항은 1보다 작을 것이고, 28번째 항은 1보다 크다는 뜻! 따라서 정답 k는 27이 된다.

수열을 정복하기 위해서는 다양한 유형의 수열에 대처하기 위한 수많은 경험이 무엇보다 중요하다. 근본적인 원리는 대개 비슷하지만, 그것을 감싸고 있는 매듭이 상당히 복잡하기 때문. 건투를 빈다.

수열의 극한 실전문제

'수열의 극한'은 고등학교 수학 과정에서 처음으로 실체가 없는 개념인 '무한'이 등장하는 단원이다. 생소하다고 그냥 넘어갈 경우 '함수의 극한과 연속성'과 같이 더 심오한 '무한'의 수렁에 빠져 허우적댈 수 있으니, 느낌을 제대로 잡고 넘어가도록 하자.

사실 '수열의 극한'이라고 했을 때 떠오르는 문제는 도형이 등장하는 무한등비급수 문제일 것이다. 가형/나형을 막론하고 모든 시험에서 한 문제씩은 고정 출제이니 말이다. 문제의 길이가 길고 도형 역시 최근 들어 점점 복잡해지는 추세다보니 거의 백이면 백 4점짜리 문제로 출제된다. 도형의 넓이와 공비를 구하는 데 있어서 다양한 방법이 많이 시도되고 있지만, '첫항과 공비만 구하면 끝!'이라는 기본적인 원리는 거의 변하고 있지 않다보니 이 글에서는 따로 다루지 않겠다. 여기에서는 조금 복잡함이 덜하면서 재미있는 문제를 골라 풀어보도록 하겠다.

(2011 3월 모의평가 가형 19번)

19. 자연수 n에 대하여 다음과 같이 제n행에 0과 1 사이의 유리수 중에서 분모는 2^n이고 분자는 홀수인 모든 수를 작은 것부터 차례로 나열하였다.

제1행　　$\dfrac{1}{2}$

제2행　　$\dfrac{1}{4}$, $\dfrac{3}{4}$

제3행　　$\dfrac{1}{8}$, $\dfrac{3}{8}$, $\dfrac{5}{8}$, $\dfrac{7}{8}$

⋮　　　　⋮

나열된 분수들을 보아하니 참 단순하게 생겼다. 이렇게 문제에서 무언가가 나열된 자료가 주어지는 경우, 첫 항부터 규칙을 직접 구해 나가도 그다지 어렵지 않은 경우가 많다. 따라서, 우리도 그에 따라 한번 a_n 과 b_n 을 직접 구해 보도록 하자.

먼저, 조금 더 자료를 확보하기 위해 제 4항도 한번 구해 보자. 어렵지 않을 것이다.

$$\frac{1}{16},\ \frac{3}{16},\ \frac{5}{16},\ \frac{7}{16},\ \frac{9}{16},\ \frac{11}{16},\ \frac{13}{16},\ \frac{15}{16}$$

자, 이제 본격적으로 a_n 부터 구해 보자. 제 1행의 마지막 수는 $\dfrac{1}{2}$, 제 2행의 마지막 수는 $\dfrac{3}{4}$, 제 3항은 $\dfrac{7}{8}$, 제 4항은 $\dfrac{15}{16}$ 이다. n행의 분모는 2^n, 분자는 2^n 보다 1 작은 수로다.

다음은 b_n 을 구할 차례이다. 첫 행에는 숫자가 하나뿐이니 $b_1=\dfrac{1}{2}$ 이다. 두 번째 행부터는 맨 앞 숫자와 맨 뒤 숫자를 더해 1을 만들고, 또 앞에서 두 번째 숫자와 뒤에서 두 번째 숫자를 더해 1을 만드는 식으로 하면 차례로 1, 2, 4가 나온다. b_n은 첫항 $\frac{1}{2}$, 공비 2의 등비수열이다. 이렇게 찾은 a_n과 b_n을 식으로 나타내면….

$$a_n = \frac{2^n - 1}{2^n}, \quad b_n = 2^{n-2}$$

모든 것은 끝났다. 계산만이 남을 뿐.

$$\lim_{n \to \infty} \frac{b_n}{(2^n + 1)a_n} = \lim_{n \to \infty} \frac{2^{n-2}}{(2^n + 1)\frac{2^n - 1}{2^n}}$$ 여기에서 분모의 분모

를 분자로 올리자.

$$= \lim_{n \to \infty} \frac{2^{2n-2}}{(2^n + 1)(2^n - 1)}$$

$$= \lim_{n \to \infty} \frac{2^{2n-2}}{2^{2n} - 1} = \frac{1}{4}$$

진실은 언제나 하나! 정답은 1번이다.

3) 수학 2

– 방정식과 부등식

일차식으로의 인수분해 스킬이 중요해지는 부분이다. 크게 인수분해 → 그래프 개형 그리기 → 무연근 빼기의 세 단계로 이루어지는 부분이다.

개형을 그릴 때는 말 그대로 '개형'이므로, y값이나 그래프의 모양보다는 근이 어디어디에 위치해 있는지를 중심으로 그리는 것이 좋다.

– 삼각함수

삼각함수 단원의 공식들은 그 개수가 많고 복잡하기로 유명하다. 배각공식에 반각공식에 합을 곱으로, 곱을 합으로…… . 으아! 머리가 터져버릴 것 같은 당신을 위해 조금 더 쉽게 공식을 익히는 방법을 알려 주겠다. 공식을 단순히 '외우는' 것이 아니라 '익히는' 것이라고 표현한 이유는, 기본 공식 네 개와 변형 공식들의 유도 방법을 알게 되면 나머지 공식들을 전부 익히는 것이 되기 때문이다. 유도 방법, 복잡하게 설명하지 않겠다. 심플하게 생각하도록 하자.

[1단계] 삼각함수의 덧셈정리

$$\sin(\alpha+\beta) = \sin\alpha\cos\beta + \cos\alpha\sin\beta$$
$$\sin(\alpha-\beta) = \sin\alpha\cos\beta - \cos\alpha\sin\beta$$
$$\cos(\alpha+\beta) = \cos\alpha\cos\beta - \sin\alpha\sin\beta$$
$$\cos(\alpha-\beta) = \cos\alpha\cos\beta + \sin\alpha\sin\beta$$

아, 미안하다. sin과 cos함수에 한정된 방법이다. tan의 경우 공식의 수가 그리 많지 않으니 그냥 외우도록 하자. 외우기 싫다면 $\tan\theta = \dfrac{\sin\theta}{\cos\theta}$ 를 대합해서 풀면 되겠다. 어쨌든, 시작한다. 먼저 외워야 할 건 삼각함수 단원에서 처음 나오는 공식인 '덧셈정리' 다. sin함수의 덧뺄셈, cos함수의 덧뺄셈의 모양이 서로 비슷하다는 것에서 착안하면, 네 개의 공식도 두 개로 줄일 수 있다. 이 정도는 그냥 외우도록 하자.

[2단계] 배각 공식

2배각 공식을 얻기 위해, 덧셈정리의 $\alpha + \beta$에 $\alpha + \alpha$를 넣어보도록 하겠다.

$$\sin(\alpha + \alpha) = \sin\alpha\cos\alpha + \cos\alpha\sin\alpha$$

$$= \sin\alpha\cos\alpha + \sin\alpha\cos\alpha$$

$$= 2\sin\alpha\cos\alpha$$

$$\cos(\alpha + \alpha) = \cos\alpha\cos\alpha - \sin\alpha\sin\alpha$$

$$= \cos^2\alpha - \sin^2\alpha$$

$$= 2\cos^2\alpha - 1 \, (\because \sin^2\alpha = 1 - \cos^2\alpha)$$

$$= 1 - 2\sin^2\alpha \, (\because \cos^2\alpha = 1 - \sin^2\alpha)$$

매번 쓸 때마다 기본 공식에서 다시 유도해야 된다는 점이 조금 귀찮긴 하다. 하지만 삼각함수 공식을 활용할 수 있는 문제가 그리 많이 나오는 것은 아니므로, 그 공식들을 일일이 외우고자 하는 건 뇌 용량 낭비다. 보다 효율적인 방법으로 사용하도록 하자.

[3단계] 반각 공식

2단계 배각 공식의 cos함수 부분에서, 2α 대신 α를, α 대신 $\dfrac{\alpha}{2}$를 대입해보도록 하자.

$$\begin{aligned}
\cos\alpha &= \cos^2\frac{\alpha}{2} - \sin^2\frac{\alpha}{2} \\
&= 2\cos^2\frac{\alpha}{2} - 1 \\
&= 1 - 2\sin^2\frac{\alpha}{2}
\end{aligned}$$

교과서에 쓰인 공식과는 모양이 조금 다르긴 하다. 하지만 이항과 간단한 실수배를 거치면 같은 모양이 나온다. 이정도면 시험에 써먹을 수 있는 수준의 공식이므로 어쨌든 유도 성공! 하나 특이한 점이 있다면 sin반각과 cos반각 모두 cos함수로 유도가 된다는 점이다. 이정도는 기억해 두는 편이 좋겠다.

[4단계] 곱을 합 또는 차로 변형하는 공식
다시 처음의 덧셈정리 공식으로 돌아가 보도록 하자.

$$\begin{aligned}
\sin(\alpha+\beta) &= \sin\alpha\cos\beta + \cos\alpha\sin\beta \\
\sin(\alpha-\beta) &= \sin\alpha\cos\beta - \cos\alpha\sin\beta \\
\cos(\alpha+\beta) &= \cos\alpha\cos\beta - \sin\alpha\sin\beta \\
\cos(\alpha-\beta) &= \cos\alpha\cos\beta + \sin\alpha\sin\beta
\end{aligned}$$

sin의 두 공식을 sin끼리 더하거나 빼면 어떻게 될 것 같은가? 오른쪽 변의 두 항 중 하나가 사라지면서 신비한 게 나올 것 같다. 해 보자.

$$\sin(\alpha+\beta)+\sin(\alpha-\beta)=2\sin\alpha\cos\beta$$
$$\sin(\alpha+\beta)-\sin(\alpha-\beta)=2\cos\alpha\sin\beta$$

오! 깔끔하게 정리되었다. cos함수도 마찬가지다. 한번 더 같은 방법으로 해 보자.

$$\cos(\alpha+\beta)+\cos(\alpha-\beta)=2\cos\alpha\cos\beta$$
$$\cos(\alpha+\beta)-\cos(\alpha-\beta)=-2\sin\alpha\sin\beta$$

마지막 공식만 우변의 계수가 2가 아니라 -2이다. 하나하나 외우려면 머리 터지겠지? 유도해서 쓰는 게 편하다니깐. 이렇게 유도 끝! 마지막 공식, 합이나 차를 곱으로 바꾸는 공식으로 넘어가자.

[5단계] 합 또는 차를 곱으로 바꾸는 공식
여기까지 오는 공식은 사실 쓸 일이 그렇게 많지는 않지만… 그래도 일단 알아 두기는 하자. 4단계 공식에서 한 단계 더 발전시킨 형태가 될 것인데, $\alpha+\beta$와 $\alpha-\beta$를 이용해서 α나 β를 표현하는 방법을 알아내면 이 공식은 쉽게 만들어낼 수 있다. 편의를 위해서 $\alpha+\beta=$ A로 두고,

$\alpha - \beta =$ B라고 두었을 때, $\alpha =$ (A+B)/2이고, $\beta =$ (A−B)/2이다. 여기까지 발견했다면 그냥 4단계 공식에 대입하면 끝이다.

$$\sin(A) + \sin(B) = 2\sin\frac{A+B}{2}\cos\frac{A-B}{2}$$

$$\sin(A) - \sin(B) = 2\cos\frac{A+B}{2}sin\frac{A-B}{2}$$

$$\cos(A) + \cos(B) = 2\cos\frac{A+B}{2}\cos\frac{A-B}{2}$$

$$\cos(A) - \cos(B) = -2\sin\frac{A+B}{2}sin\frac{A-B}{2}$$

실전문제

수리영역 삼각공식 단원에서 출제되는 4점짜리 문제는 함수의 극한과 연계해서 θ가 0으로 접근할 때의 극한값을 구한다거나 하는 문제들이 많다. 이런 문제들의 경우에는 주어진 θ를 시작으로 해서 구하고자 하는 값을 어떻게든 θ와 삼각함수들의 식으로 만들어 낼 것! 삼각함수 단원에서 제일 중요한 포인트이다.

이왕 말이 나온 김에 삼각함수가 등장하는 함수의 극한 문제를 하나 풀어 보도록 하자. 수능 단답형에 단골로 나오는 이 문제! 2011년 수능 수리 가형 30번 문제다. 보기만 해도 두근두근하지 않은가?

30. 좌표평면에서 그림과 같이 원 $x^2 + y^2 = 1$ 위의 점 P에 대하여 선분 OP가 x축의 양의 방향과 이루는 각의 크기를 $\theta(0 < \theta < \frac{\pi}{4})$라 하자. 점 P를 지나고 x축에 평행한 직선이 곡선 $y = e^x - 1$과 만나는 점을 Q라 하고, 점 Q에서 x축에 내린 수선의 발을 R라 하자. 선분 OP와 선분 QR의 교점을 T라 할 때, 삼각형 ORT의 넓이를 $S(\theta)$라 하자. $\lim\limits_{\theta \to +0} \dfrac{S(\theta)}{\theta^3} = a$일 때, 60ar의 값을 구하시오. [4점]

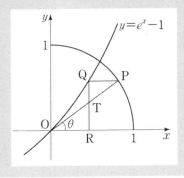

$\lim\limits_{\theta \to +0} \dfrac{S(\theta)}{\theta^3} = a$의 분모는 완전히 정리되어 있어 더 이상 정리할 필요가 없다. 그렇다면 중요한 건 분자, $S(\theta)$를 θ에 대한 식으로 나타내야 한다. 그것이 이 문제의 포인트!

$S(\theta)$는 삼각형 ORT의 넓이라고 했다. 삼각형 ORT는 x축을 밑변으로 하는 직각삼각형임을 그림으로부터 알 수 있고, 그렇다면 우리가 알아야 할 것은 선분 OR의 길이와 선분 RT의 길이 두 가지가 되겠다.

일단 점 T가 낮선 선분들의 교점이기 때문에, 다른 점들의 좌표를 알아 냄으로써 T의 좌표를 파악할 필요가 있다. 문제가 설명하고 있는 과정, 그러니까 점 P에서 Q를, Q에서 R을, R에서 T를 찾는 과정을 따라간다 면 큰 어려움 없이 T의 정체를 파악할 수 있다.

OP는 길이가 1이고 x축의 양의 방향과 θ의 각을 이루고 있으므로, 점 P의 좌표는 P($\cos\theta$, $\sin\theta$)가 된다. 점 P를 지나고 x축에 평행한 직선 은 y=$\sin\theta$이므로 $y = e^x - 1$에 이를 대입해서 정리하면 Q($\ln(\sin\theta$ +1), $\sin\theta$)가 된다. 점점 숫자가 복잡해지고 있다! 힘내자. Q에서 x축 에 내린 수선의 발은 좀 쉽다. R($\ln(\sin\theta$+1), 0).

자··이제 점 T를 구해야 되는데, OP의 직선의 방정식을 구해서 교점을 구한다던가 하는 복잡한 문제는 아닐 것 같다. 곰곰이 생각해보니 OR과 RT는 수직 관계. 다시 말하면 OR×$\tan\theta$=RT라는 이야기. 옳거니, 끝났 구나! 삼각형 ORT의 넓이는 OR×RT÷2, 다시 말해 OR×OR×$\tan\theta$÷2 라는 이야기.(OR×$\tan\theta$=RT) 이제 남은 건 극한 계산뿐이다.

$$\lim_{\theta\to+0}\frac{S(\theta)}{\theta^3}=\lim_{\theta\to+0}\frac{OR\times OR\times\tan\theta}{2\theta^3}=\lim_{\theta\to+0}\frac{\ln(\sin\theta+1)\times\ln(\sin\theta+1)}{2\theta^2}$$

(분자 $\tan\theta$와 분모 θ 하나를 분리하여 1로 계산)

$$=\lim_{\theta\to+0}\frac{\ln(\sin\theta+1)\times\ln(\sin\theta+1)\times\sin\theta\times\sin\theta}{2\theta^2\times\sin\theta\times\sin\theta}$$

(분자, 분모에 $\sin\theta$ 2개씩 곱해주기)

$$= \lim_{\theta \to +0} \frac{\ln(\sin\theta + 1) \times \ln(\sin\theta + 1)}{2 \times \sin\theta \times \sin\theta}$$

(분자 $\sin\theta$와 분모 θ 두 개씩을 분리하여 1로 계산)

$$= \lim_{\theta \to +0} \frac{1}{2} = \frac{1}{2} = a$$

(자연로그에 대한 기본 극한 공식을 '$\sin\theta$에 대해서' 적용했다!)

따라서 60a = 30이 되겠다. 어렵지 않더라!

– 함수의 극한과 연속

수학2 과정에서 가장 쉬운 부분이다. 이 부분에서 가장 많이 나오는 문제가 합성함수를 이용한 연속, 극한의 유무 판별 합답형 문제이다. 먼저 x가 특정 지점의 양에서 접근하는지 음에서 접근하는지를 판별한다. 두 번째로 그에 따라 처음 함수의 극한값을 알아낸다(여기서 y값이 특정 지점의 양에서 접근하는지 음에서 접근하는지도 알아야 한다). 세 번째로 알아낸 y값을 두 번째 함수의 인수로 넣어 값을 구하면 된다. 극한을 구하는 문제인 경우 처음 함수의 x값이 양에서 접근하는 경우와 음에서 접근하는 경우를 구하면 되고, 연속을 판별하는 경우 함수값과 극한값이 같은지를 추가로 판별해주면 된다.

함수의 극한과 연속성 – 원포인트 해설

이번 글에서는 불규칙한 함수의 그래프가 주어지는 함수의 극한과 연속성 문제에 대한 해설을 해 보도록 하겠다. 대부분의 문제가 4점으로 출제되는 어려운 문제에 속하지만, 원리만 파악한다면 너무나 쉽게 풀 수

(2011 10월 고3 모의평가)

14. 그림은 열린 구간 $(-2,\ 2)$에서 정의된 두 함수 $y=f(x)$, $y=g(x)$ 의 그래프이다. 옳은 것만을 〈보기〉에서 있는 대로 고른 것은? [4점]

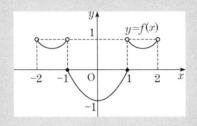

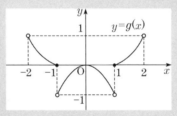

〈보 기〉

ㄱ. $\displaystyle\lim_{x \to -1} f(x)g(x) = 0$

ㄴ. $\displaystyle\lim_{x \to 1} \{f(x) - g(x)\} = 1$

ㄷ. 함수 $g(f(x))$ 는 $x = 0$ 에서 연속이다.

① ㄱ ② ㄴ ③ ㄱ, ㄴ ④ ㄱ, ㄷ ⑤ ㄱ, ㄴ, ㄷ

있다. 아마 깨닫고 난다면 "이게 4점짜리야?" 할걸.

먼저 숙지해야 할 것은 '함수의 극한이 존재한다' ' <=> '좌극한, 우극한이 모두 존재하고 같다' 와 '연속이다' <=> '극한과 함수값이 존재하며 극한값과 함수값이 같다' 의 두 가지. 극한의 존재 여부를 물어본다면 좌극한과 우극한 모두 따져보고 대답해 주어야 한다.

그리고 우리끼리의 약속. 내가 '1-' 라고 표현한다면 '1보다 작은 쪽에서 1을 향해 접근한다' 는 뜻이다. 그럼 '2+' 는? '2보다 큰 쪽에서 2를 향해 접근한다' 가 되겠다. 문제를 간단히 하기 위해 할 잠깐 동안의 약속이다. 문제를 한번 풀어 보도록 하자.

먼저 ㄱ. x→−1일 때의 f(x)g(x)의 극한값을 구하는 보기이다. 극한값을 구할 때는 어떻게? 그렇지. 좌극한과 우극한 모두 존재하는지 확인하기. 좌극한을 먼저 보도록 하자.

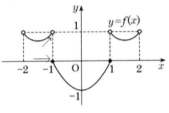

x→−1−일 때, f(x)는 1보다 작은 쪽에서 1로 접근하므로 f(x)→1−라고 표현할 수 있겠다(오른쪽 그림 참조).

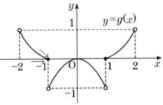

마찬가지 상황일 때, g(x)는 0보다

큰 쪽에서 0으로 접근하므로 g(x)→0+라고 표현할 수 있겠다. 따라서 x→−1−일 때 f(x)g(x)→0이다. 좌극한을 구했으니 이제 우극한을 보도록 하자.

x→−1+일 때, f(x)는 0보다 작은 쪽에서 0으로 접근하므로 f(x)→0−이다. g(x)는 −1보다 큰 쪽에서 −1로 접근하므로 g(x)→−1+이다. 따라서 x→−1+일 때 f(x)g(x)→0이다. 좌극한과 우극한이 같으므로, x→−1일 때의 f(x)g(x)의 극한은 0이다. 따라서 ㄱ은 맞는 보기. ㄴ부터는 빠르게 하도록 하겠다.

보기 ㄴ. 좌극한을 먼저 구하자.

x→1−일 때, f(x)→0−이고, g(x)→−1+이다. 따라서 x→1−일 때 f(x)−g(x)→1이다.

x→1+일 때, f(x)→1−이고, g(x)→0+이다. 따라서 x→1+일 때 f(x)−g(x)→1이다. 따라서 ㄴ도 맞는 보기.

보기 ㄷ. 합성함수의 극한과 함수값에 대한 문제이다. 이 경우에는 y=f(x)라고 했을 때, f(x)의 극한값 y가 g(y)의 인수로 들어간다는 것. 자세하게는 문제를 풀어보면서 알아가기로 하자. 연속에 대한 문제이므로, 좌극한, 우극한, 함수값 세 가지를 알아야 하겠다. 먼저 좌극한.

x→0−일 때, f(x)→−1+이다. 그러면 이 값을 g(x)의 인수로 넣으면 된다. 따라서 g(f(x))=g(−1+)→−1+이다. 쉽지? 우극한 보겠다.

x→0+일 때, f(x)→−1+이다. 아까와 값이 같으므로, g(f(x))→−1+이다. 따라서 함수의 극한이 존재하고, 그 값은 −1. 이제 함수값과 비교할 차례다. 이때는 숫자 뒤 부호 없이, 숫자만을 넣어서 나온 값을 보면 된다.

x=0일 때, f(x) = −1이다. 그리고 g(f(x)) = g(−1) = 0이다. 극한
값과 함수값이 다르므로, 극한값은 존재하지만 연속은 아니다. 따라서
ㄷ은 틀린 보기. 정답은 ㄱ,ㄴ이다.

− 정규분포/표준정규분포

(2010 9월 모의평가 수리 가형 17번 '확률과 통계')

어느 지역 학생들의 1일 인터넷 사용시간 X는 평균이 m분, 표준편차가 30
분인 정규분포를 따른다. 이 지역 학생들을 대상으로 9명을 임의추출하여
조사한 1일 인터넷 사용시간의 표본평균을 $\overline{X}$라 하자. 함수 $G(k)$, $H(k)$를

$$G(k) = P(X \leq m + 30k)$$
$$H(k) = P(\overline{X} \geq m - 30k)$$

라 할 때, 옳은 것만을 〈보기〉에서 있는 대로 고른 것은? [4점]

〈보기〉
ㄱ. $G(0) = H(0)$

ㄴ. $G(3) = H(1)$

ㄷ. $G(1) + H(-1) = 1$

① ㄱ　　　　　　　　　　② ㄷ

③ ㄱ, ㄴ　　　　　　　　④ ㄴ, ㄷ

⑤ ㄱ, ㄴ, ㄷ

통계에서 가장 중요한 부분은 이항분포를 정규분포로, 정규분포를 표준정규분포로 빠르게 변환하여 문제에 적용할 수 있는 능력이다. 이항분포에서 정규분포로 변환하는 부분은 거의 공식 적용이나 마찬가지인 부분이니, 후자인 '정규분포에서 표준정규분포로'에 대해 알아보도록 하자. 최근 문제 중에 마침 괜찮은 것이 있어서, 이 문제를 해설하면서 알아가도록 하자.

일단 문제에 들어가기 전에, $Z = \dfrac{X-m}{\sigma}$ 라는 표준정규분포에서 딱 하나 존재하는 공식에 대해서 탐구해보도록 하자. 위 식에서 우변의 분모를 양 변에 곱해주면 $\sigma Z = X - m$이 된다. X-m은 표준 m과 값 X의 차이이고, 는 표준편차이므로, 곧 "X와 m의 차이는 표준편차의 실수 Z배로 나타낼 수가 있다"는 말이 된다.

예를 들어서 평균이 60이고, 표준편차가 6인 정규분포를 따르는 어떤 것 X가 있다고 하자.

$$X \sim N(60,\ 6^2)$$

여기에서 값 X가 66일 때, $\sigma Z = X - m$에서 X-m은 6이 되고, σ는 6이므로 6Z = 6이 된다. 따라서 Z는 1. 뒤집어 생각하면, 평균 m에서 표준편차 σ만큼 멀어질 때마다 Z의 절대값이 1씩 커진다는 것.

X	42	48	54	60	66	72	78
X-m	-18	-12	-6	0	6	12	18
Z	-3	-2	-1	0	1	2	3

알고 보니 어렵지 않더라! 자, 이제 문제로 들어가도록 하자.

정규분포를 따르는 인터넷 사용시간 X는 X~N(m, 30^2) 정도로 표현할 수 있다. 그리고 학생들 중 9명을 임의추출했을 때의 표본평균 $\overline{X}$는 $\overline{X}$~N(m, 10^2)으로 표현할 수 있겠다.(표본을 임의추출했을 때의 평균과 분산, 표준편차의 분산은 잘 알고 있으리라 믿고 따로 적지 않겠다.) 자, 이제 G(k)와 H(k)를 비교하기 위해서, 둘을 Z화(표준정규분포화) 해보도록 하자. 먼저 G(k).

$$G(k) = P(X \leq m + 30k)$$

m을 좌변으로 이항시켜 보자.

$$G(k) = P(X - m \leq 30k)$$

아까 보던 익숙한 뭔가가 나왔다! 여기의 k에 0, 1, 2...를 차례로 집어넣어 보자. $G(0)=P(X-m \leq 0)$, $G(1)=P(X-m \leq 30)$, $G(2)=P(X-m \leq 60)$…그리고 X의 표준편차는 감사하게도 30. (여기 부분에 정규분포곡선 이미지가 들어갔으면 합니다) 이 말은 즉 $G(0) = P(Z \leq 0)$, $G(1) = P(Z \leq 1)$… 그리고 $G(k) = P(Z \leq k)$임을 뜻한다. G(k)의 Z화 완료! 다음, H(k).

$$H(k) = P(\overline{X} \geq m - 30k)$$

X가 아니라 $\overline{X}$임에 유의하고, 아까와 같이 m을 좌변으로 이항시켜 보자.

$$H(k) = P(\overline{X} - m \geq -30k)$$

여기의 k에 0, 1, 2를 차례로 집어넣어 보자.

$$H(0) = P(\overline{X} - m \geq 0),$$

$$H(1) = P(\overline{X} - m \geq -30),$$

$$H(2) = P(\overline{X} - m \geq -60) \cdots$$

그리고 $\overline{X}$의 표준편차는 10. 따라서 $H(0) = P(Z \geq 0)$, $H(1) = P(Z \geq -3), \cdots$그리고 $H(k) = P(Z \geq -3k)$가 된다. Z화가 완료되었으면 나머지는 어렵지 않게 풀 수 있을 것이다.

- 미분법

상당히 다양한 유형의 문제들이 많이 출제되는 단원이다. 기본적으로는 다항함수의 미분을 통한 미분계수 구하기 혹은 미지수 구하기, 어렵기로는 평균값의 정리가 풀이에 활용되는 문제까지도 출제되는 부분. 문제의 형태가 다양하다는 것은 '수열' 단원과 비슷하다. 하지만 수열의 경우 문제에 드러난 겉모습만으로는 쉽게 내면을 알아챌 수 없는 것에 반해, 미분법에 관련한 문제는 기본적으로 '미분' 하나에서 파생된 개념들을 이용하고 있기 때문에 '일단 미분해서 정리' 하면 어느 정도 풀이의 감을 잡는 경우가 많다는 특징이 있다.

　수학 교육과정 개편으로 수리영역 나형에도 미분과 적분에 대한 문제가 출제되는 것으로 알고 있다. 개인적으로는 오히려 나형 수험생들에게 잘 된 것이라고 생각한다. 대학교에 가서 전공을 공부할 때 편하다는 차원의 문제가 아니라, '극한'이라는 개념만 제대로 알고 있으면 오히려

수열이나 경우의 수 문제보다 기본 미적분이 훨씬 더 편하고 쉽기 때문에. 내가 가형을 응시해서 그런지 나형 친구들이 툴툴대는 것이 잘 이해가 되지 않는다. 경우의 수 매우 어려움!

이번에 우리가 풀어볼 문제는 기존 '심화 미분과 적분' 에 들어있던 (나형 친구들에게는 몹시 미안~) 자연로그 함수에 대한 최대최소, 개형 문제이다.

함수 $f(x) = 4\ln x + \ln(10 - x)$에 대하여 〈보기〉에서 옳은 것만을 있는 대로 고른 것은? [3점]

───〈보 기〉───

ㄱ. 함수 $f(x)$의 최댓값은 $13\ln 2$이다.

ㄴ. 방정식 $f(x) = 0$은 서로 다른 두 실근을 갖는다.

ㄷ. 함수 $y = e^{f(x)}$의 그래프는 구간 $(4, 8)$에서 위로 볼록하다.

① ㄱ　　　　　② ㄷ　　　　　③ ㄱ, ㄴ
④ ㄴ, ㄷ　　　　⑤ ㄱ, ㄴ, ㄷ

(이 문제를 풀기 위해서 미리 한번 연습 삼아 풀어보다가 계산 실수를 해서 처음부터 다시 푸는데 한참 걸린 건 안 자랑. 그러니까 여러분은

실수하지 말자.)

보기에 '최댓값'이나 '위로 볼록' 같은 이야기가 나왔다. 더 볼 것 없이 미분하자. 아, 여기에서 조심할 점. 자연로그의 진수로 x와 10-x가 등장했다는 것은 x의 범위는 0보다 '크고', 10보다 '작다'는 뜻임을 항상 명심할 것. x를 엄한 데 갖다놓고 '답이 없는데요?' 하지 마라잉.

$$f'(x) = \frac{4}{x} - \frac{1}{10-x} \quad (단, \ 0<x<10)$$

최댓값을 구하려면 일단 $f'(x)$가 0인 점을 찾아야 한다. 그 후에 지점 양 옆의 $f'(x)$의 부호를 반드시 체크해서 극값만 추출해 내고, 그 값들 중에 최소와 최대를 찾아야 한다.

$\dfrac{4}{x} - \dfrac{1}{10-x} = 0$ 에서 한쪽을 이항한다.

$\dfrac{4}{x} = \dfrac{1}{10-x}$ 에서 양변을 적당히 정리하면

$4(10-x) = x$ (0<x<10이기 때문에 x가 0이나 10이 될 가능성은 없다)

$x = 8$ (이정도 계산은 할 줄 알겠지?)

어라…그런데 x값이 하나밖에 안 나왔다. x가 8보다 작으면 $f'(x)$가 0보다 커지고, 8보다 크면 $f'(x)$가 0보다 작아지니 '극대'이다. 그런데 극점이 하나밖에 없으니 x=8은 $f(x)$가 극대이자 최대가 되는 지점

임을 알 수 있다. 그리고 $f(8) = 4\ln 8 + \ln 2 = 4\ln 2^3 + \ln 2 = 13\ln 2$이므로 최댓값이 $13\ln 2$라는 '보기 ㄱ'은 맞는 설명.

자, 이제 x를 허용된 범위의 양 끝인 0과 10으로 각각 접근시켜 보자. 0으로 접근했을 때는 어떤가? $f(x)$의 뒷항은 일정한 값을 가지지만 앞항이 음의 무한으로 발산하면서 결국 y축의 아래쪽을 향해 끝없이 떨어지게 된다. 10으로 접근할 때는? 상황은 역전되지만 결과는 같다. 앞항은 일정한 값을 가지고, 뒷항이 음의 무한으로 발산한다. 함수의 양 끝이 모두 음의 무한을 향하고 있는 것이다.

상식적으로, 연속인(심지어 미분 가능한) 함수에서 양 끝이 음의 무한으로 발산하는데 최댓값이 양수라면, $f(x) = 0$은 몇 개의 실근을 가질 것 같은가? '적어도 두 개 이상'의 실근을 가진다. 그런데 여기에서 $f'(x) = 0$인 점이 하나밖에 없었으므로, $f(x)$의 그래프를 그렸을 때 '구부러지는 부분'은 딱 한 곳밖에 없다. 따라서 개형은 아래의 그림과 같이 되고, 실근은 딱 두 개만 존재하게 된다. 그러니까 '보기 ㄴ'도 맞는 설명.

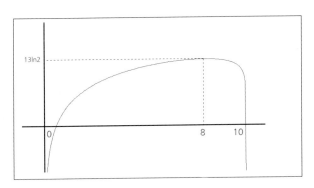

자, 보기 ㄷ에 도전해보자. $y = e^{f(x)}$라고 했다. '위로 볼록하냐 아니냐' 를 구해야 되기 때문에 이계도함수에 접근해야 한다. 해서 $f(x)$의 봉인을 풀지 않고 y'와 y''을 구해 보자.

$$y' = f'(x)e^{f(x)}$$
$$y'' = f''(x)e^{f(x)} + \{f'(x)\}^2 e^{f(x)}$$

오 맙소사, 아직 함수를 넣지도 않았는데 끔찍한 모양이 나와 버렸다. 이렇게 되면 이계도함수를 직접 구해서 문제를 풀기 전에, y'의 그래프의 개형을 통해 이계도함수의 값을 예측하는 방법을 한번 시도해 보도록 하자. 위에서 구했던 y'에 $f(x)$를 넣어서 정리해보자.

$$y' = f'(x)e^{f(x)}$$
$$= (\frac{4}{x} - \frac{1}{10-x})e^{4\ln x + \ln(10-x)}$$
$$= (\frac{4}{x} - \frac{1}{10-x})e^{\ln x^4 (10-x)}$$
$$= (\frac{4}{x} - \frac{1}{10-x})x^4(10-x)$$ 마법 발동! 지수로그에 관련한 공식을 사용했다.
$$= -5x^4 + 40x^3 = -5x^3(x-8)$$

신통방통하도다! $f(x)$는 분명 자연로그함수였는데, 정리하니 다항함수가 나왔다. 개형을 그렸더니 아래 그림과 같이 나온다. 비례가 약간 맞지 않는 것은 인간미로 생각해주길 바란다. (참고로 3차 이상의 고차방정식이나 부등식의 그래프를 그릴 때도 이런 식으로 인수분해한 후 개형을 그리면 답을 쉽게 찾을 수 있다.)

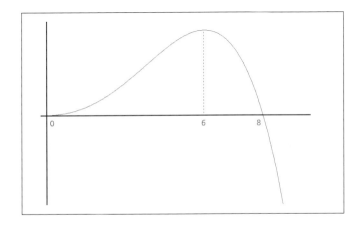

y'을 한 번 더 미분하면 x=6에서 최댓값을 가진다는 사실을 알 수 있~어라? y'를 한 번 더 미분하면 y''로구나! 그럼 $x=6$은 $y''=0$인 지점이겠고, 이 지점에서 y'가 최댓값을 가진다는 것은 x=6의 양 옆의 y''의 부호가 서로 다르다는 것. 결국 x=6을 기준으로 양 옆의 볼록한 방향이 서로 다르다는 결론이 나온다. 따라서 구간 (4, 8)에서 한쪽으로만 볼록하다고 설명한 '보기 ㄷ'은 틀린 것. 정답은 선택지 3번이다.

외국어영역

들어가기 전에

'어휘'와 '어법'이라는 단어가 익숙하지 않아 조금 거부감이 들 수도 있다(내가 그랬다). EBS 교재 등에 등장하는 일반적인 표기법을 따른 것이므로 읽는 이의 작은 양해를 부탁드린다. '어휘'는 '영단어'로, '어법'은 '문법' 정도로 생각하면 될 듯 싶다.

1) 어휘

영어(사실 영어뿐만 아니라 모든 언어에서) 지문은 문장들로 이루어져 있다. 그리고 그 문장은 각각의 단어들로 구성된다. 지문의 '주제'나 '키포인트'라고 말하는 것들 역시 단어들의 조합으로 이루어져 있다. 이 말은 곧 어휘에 밝으면 의미를 파악하는 데 많은 도움이 된다는 뜻. 이번에는 어휘력을 늘리는 법에 대해서 생각해 보도록 하자.

내가 추천하는 방법은 'EBS 지문을 이용한 단어장 작성'이다. 책으로 만들어진 단어장을 별도로 구입해서 읽어 나가는 방법보다, 소중한 지식의 보고인 외국어 지문을 한번이라도 더 활용하는 것이 낫다는 판단에서 제안하는 방법이다.

외국어 영역에서 지문 하나하나에는 영어에 대한 모든 지식이 압축되어 들어있는 소중한 지식의 보고이다. 따라서 이런 지문들을 문제풀이뿐만 아니라 다른 방법으로 다양하게 활용할 수 있다면 평소보다 몇 배 이상의 효과를 거둘 수 있을 것이다.

문제를 모두 푼 뒤에, 자신이 풀었던 지문들 중에 뜻을 알 수 없었던 (혹은 아리송했던) 단어들에 형광펜 같은 것으로 표시를 한다.(지문을 풀면서 메모했던 내용들과 구분할 수 있다면 그냥 색펜을 사용해도 상관없다.) 그리고 그 단어들을 뜻과 함께 적당한 메모장에 옮겨 적는다. 이것으로 끝이다. 나의 경우 흔한 공책을 반으로 잘라서 메모장으로 사용했다. 줄 간격도 일정해서 사용하기 편했고, 크기도 그리 크지 않아 간편했기 때문. 본인이 편하다면 무엇을 써도 상관없다.

단어 얘기가 나온 김에 숙어에 대해서도 한마디 하고 넘어가도록 하

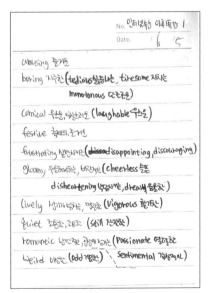

공책을 반을 잘라 만든 단어장.

겠다. 숙어의 정의를 생각하기 나름이지만, '동사구' 라고 부르는 사람도 있는데, 나는 '기본 단어들의 집합으로 색다른 뜻을 내는 것' 이라고 대충 정의하겠다. 골치 아프니 정확한 정의를 내리려고 하지는 말자.

지문을 읽으면서 '다 아는 단어들인데, 해석이 안 되네?' 하는 느낌을 언젠가 받은 적이 있다면, 바로 그 느낌이다. 그걸 나는 숙어라고 하겠다. (우리끼리만 알아들으면 되지, 누가 토를 달던 무슨 상관이야. 그치?) 예를 들자면, 'look up to(존경하다)' 라던가, 'put up with(견디다)' 라던가.

이것들은 그 언어 사용자들이 살아가면서 자연스럽게 만들어내 그렇게 굳어진 표현이므로, 영어를 '외국어' 로써 공부하는 한국 사람들이 이것들을 100% 해석하기란 굉장히 어렵다. 나는 숙어도 단어와 마찬가지로 많이 알수록 좋다고 판단했지만, 숙어는 메모장에 따로 정리하지 않고 '숙어집' 이라고 부르는 책을 이용했다. 숙어는 동사를 기본으로 하고 전치사가 달라지면서 뜻을 달리 하는 경우가 많다. 얼핏 보기에 형태들이 다들 비슷하기 때문에, 단순히 외우다가는 헷갈리기 십상이라는 생각이 들었다. 그래서 숙어집을 고를 때에도 여러 개의 숙어가 스토리로 적당히 정리되어 있는 것, 기본 수준의 정리 문제가 있는 것으로 골랐다. 숙어집을 구입할 일이 있다면 참고하기 바란다.

음, 다시 단어 메모장으로 돌아와서. 저렇게 적어 놓으면 복습은 언제 하느냐, 그게 궁금할 거다. 그렇다. 그냥 틈틈이 하면 된다. 쉬는 시간이나, 점심 먹고 쉬는 시간이나, 학교 오며가며 지하철 타는 시간이나 이

럴 때 주머니에서 꺼내 단어 몇 개씩 보면 된다. (밥 먹을 때까지 단어
장 보면서 공부하진 말자. 정 떨어진다.) 다시 얘기하면 생소했던 단어
들을 최대한 눈에 많이 익히는 것이 목적이므로 틈만 나면 익힌다는 심
정으로 보는 것이다.

기존 어휘집의 경우 내가 그 단어를 알건 모르건 (솔직히 알 방법이
없다) 일정한 주제에 따라서 적당히 단어들을 수록해 둔다. 따라서 자연
스럽게 아는 단어와 모르는 단어가 섞여 있게 된다.

예를 들어서 만화책을 한 권 보는데 드문드문 봐서 이야기를 반 정도
만 알고 있다면, 나머지 반을 찾아보게 되는가? 한 장 넘기면 아는 장면
나오고, 몇 장 넘기면 본 거 또 나오고, 지루해서 못 본다. 차라리 구멍
난 이야기를 내 상상력으로 채우는 게 낫다. 그 만화의 지극정성 팬이
아닌 이상 모르는 부분만 찾아보지는 않게 된다.

영어단어도 마찬가지다. 아는 단어가 자꾸 눈에 밟혀서, 반만 알아도
다 아는 것 같다. 그러므로 모르는 단어에 쉽게 집중하지 못하게 된다.
그래서 이에 대한 해결책으로 나는 '모르는 단어들만' 을 모아둔 단어장
을 만든 것이다.

사실 이 방법은 지금 내가 쓰는 어휘가 예전에 한번 썼던 어휘인지도
알 수 없고, 모르는 단어를 그저 노트에 쓰는 단순무식한 아날로그적인
방식이기 때문에 양적으로 점점 불어날 수밖에 없다. 이 방법을 어떻게
수정하면 복습과 노트 활용을 효율적으로 할 수 있을지 조금 고민을 해
봄직하다. 이것은 여러분의 몫으로 남겨두도록 하겠다. 다만 여러 가지

방법 중에서 컴퓨터 문서로 정리하는 방법만큼은 추천하지 않겠다. 단순히 자판을 두드려서 '만드는' 것에 의미가 아니라, 한 자 한 자 써 내려가며 '익히는' 것에 중점을 두고 있기 때문이다.

2) 어법

어휘만 알면 영어 지문이 순식간에 풀릴 것 같긴 하지만, 어법 역시 이에 못지않게 중요하다. 물론 문장은 단어들로 이루어져 있으니 단어를 많이 알면 알수록 좋기는 하다. 하지만 단어만 알아서는 해석하기 힘든 것들이 있으므로, 이들을 편하게 읽기 위해 (다시 말해 문장을 '단어 단위'가 아니라 '의미 단위'로 읽기 위해) 어법을 배우는 것이다.

이 글에서는 어법의 매우 기본적인 부분, 그리고 매우 핵심적인 부분에 대해서 이야기할 것이다. 그리고 그런 만큼 '엄밀하게' 문법을 이야기하지는 않으려고 한다. 문법적으로 엄밀하게 맞지 않을지는 몰라도 그러한 쪽이 이해하기 더 쉽다면 기꺼이 그 쪽을 택하겠다. 덧붙이자면 몇 가지 있는 특수 상황, 그리고 좀 더 나아간 형태의 문법들(도치라거나)은 여러분이 스스로 해 나가야 할 것이다.

외국어영역은 영어에 대한 '지식'을 활용하는 것이 아니라, 영어에 대한 지식을 '활용'하는 것임에 주의하길 바란다. 문법 배운답시고 완전타동사니 불완전자동사니 하는 이상한 용어들만 잔뜩 배워봤자 아무짝에도 쓸모없다. 우리가 한국어를 이야기하면서 형태소나 문장의 구성 요소에 대해 따지고 생각해가며 말하지는 않지 않은가. 실제 문제풀이에 활용할 수 있는 형태의 지식을 배우길 바란다.

(1) 영어의 8품사 대-명-동-형-부-감-접-전의 역할

영어의 품사에는 여덟 가지가 있다. 대명사 / 명사 / 동사 / 형용사 / 부사 / 감탄사 / 접속사 / 전치사가 그 여덟 개. 모두 '~사'로 끝나며, 뭉뚱그려서 '대명동형부감접전'이라고 외울 수 있다. 각 품사별로 좀 더 자세히 알아보도록 하자.

① 대명사 – 명사를 '대신한다'는 의미. 흔히 말하는 it 같은 것들이다. 문장에서 명사와 같은 역할을 담당한다.

② 명사 – 특정한 사물을 지칭한다. 문장에서 주어, 목적어, 보어 등으로 쓰인다.

③ 동사 – 동작을 나타낸다. 문장에서 동사로 쓰인다.

④ 형용사 – 명사와 대명사를 수식한다. 문장에서는 보어로 쓰인다.

⑤ 부사 – 동사나 형용사, 다른 부사, 문장 전체를 수식한다. 문장의 구성 요소로서 쓰이지는 않으며, 구성 요소 외적으로 쓰인다. (동사를 수식한다는 의미에서 부사의 영어 표기는 adverb이다)

⑥ 감탄사 – 와우!

⑦ 접속사 – 문장과 문장을 이어주는 품사. 주어와 동사가 결합하여 절이라고 하는 '접+주+동' 조합을 만든다. 절은 명사 역할을

하기도(명사절), 형용사 역할을 하기도(형용사절) 한다. as나 that과 같은 것들이 접속사에 주로 속한다.

⑧ 전치사 - 정의상으로는 '명사나 대명사 앞에 놓여 다른 명사나 대명사와의 관계를 나타내는 품사'이다. in, on, of, about 같은 단어들이 속한다. 정의 그대로, 명사와 결합해서 '전+명' 조합으로 형용사나 부사의 역할을 한다. 이 조합을 '구'라고 부른다. (엄밀하게 생각하면 구라고 해서 형용사나 부사의 역할만 하는 것은 아니다. 명사 역할을 하는 구도 존재하지만, 전치사+명사 조합으로 만들 수 있는 구는 모두 형용사구나 부사구이다.)

- 주어는 품사가 아닌가요?

흔히 말하는 주어나 동사, 목적어, 보어는 품사가 아니라 문장의 구성 요소이다. 주어는 문장의 주체가 되는 요소이고, 동사는 동작이나 행동을 나타낸다. 보어는 주격보어와 목적격보어로 나뉘는데, 단순히 '보어'라고 하면 큰 의미로는 두 보어 모두를, 작은 의미로는 주격보어만을 의미한다. (주격)보어는 주어를 보충해 주는 역할(주어와 동사 뒤 단어(목적어 또는 보어가 오는 자리)의 일치 여부로 보어와 목적어를 구분하기도 한다), 목적격보어는 목적어를 보충해 주는 역할을 한다. 목적어는 행동(동사)의 대상을 나타내므로, '~self'의 재귀대명사와 같은 몇몇 경우를 제외하고 대부분은 주어와 다르다. 조금 주의해야 할 것은 동사가 품사인 동시에 문장의 구성 요소이기도 하다는 것. 문장의 구성 요소와 품사를 헷갈리지 말 것. 문장의 구성 요소에 대한 내용은 '문장 5형식'에 대한 내용을 찾아보면 흔히 나오는 내용이므로, 혹시 궁금하다면 찾아보길 바란다.

(2) 문장의 구조화

대표적으로 구와 절을 구분하는 영어의 활용으로는 'because'와 'because of'의 구분이 있다. because는 접속사이므로 뒤에 '주어+동사'가 붙어 절을 이루며, because of는 전치사로 동작하므로 뒤에 '명사'가 와서 '구'를 이룬다. 아래의 문장을 보자.

> **(2011년 9월 모의평가 31번)**
> A teenage girl may eat nothing but a lettuce salad for lunch, even though she will become hungry later, <u>because</u> that is what her friends are eating.

여기에서 because 뒤에 나오는 that은 접속사가 아니라 그냥 'a lettuce salad'를 가리키는 대명사의 역할이다. 따라서 because(접속사) + that (주어) + is(동사) + what her friends are eating(보어/절)이 묶여서 하나의 절을 이룬다. 이 문장에서는 절 안에 절이 들었다! 안에 있는 절은 보어 역할만을 충실히 하고 있을 뿐이므로 다른 문장 요소에는 영향을 미치지 않을 것이다.

혹시 어법을 묻는 문제에서 저 문장의 because 자리에 because of가 들어가 있다면 무조건 틀린 것이다. because of는 아까도 이야기했지만 'because of you!' 와 같이 명사 혹은 'because of what her friends are eating' 과 같이 명사 역할을 하는 절과 결합하기 때문이다.

음, 사실 위에서 이야기한 내용들은 너무 기본적인 것들이라 어법 문제에는 출제 대상조차도 되지 못한다. 비유하자면 수리영역의 '제2코사인 법칙' 같은 존재랄까. 고등학교 1학년 때 배워서 명시적인 출제 범위에 들어가지 않고 이것을 주제로 한 문제도 출제되지 않지만, 이것을 알고 있어야만 풀 수 있는 삼각함수 문제가 출제되는 것 같은. (너무 비유가 어려웠나?)

이제는 조금 본격적으로, 여기까지 얘기했던 기본 내용들과 지금까지 당신이 가지고 있던 문법 지식을 총 동원해서 다음 문제를 한번 풀어보도록 하자. 기본 지식만으로는 힘들 것이다, 대신 지문의 곳곳에서 방금 배웠던 내용들을 볼 수 있을 것이다.

(2009년 수능 21번)

21. (A), (B), (C)의 각 네모 안에서 어법에 맞는 표현으로 가장 적절한 것은?

Many social scientists have believed for some time (A) [that / what] birth order directly affects both personality and achievement in adult life. In fact, people have been using birth order to account for personality factors such as an aggressive behavior or a passive temperament. One might say, "Oh, I'm the eldest of three sisters, so I can't help that I'm so overbearing," or "I'm not very successful in business, because I'm the youngest child and thus less (B) aggressively / aggressive than my older brothers and sisters." Recent studies, however, have proved this belief to be false. In other words, birth order may define your role within a family, but as you mature into adulthood, (C) accepted / accepting other social roles, birth order becomes insignificant.

(A)의 풀이 - 관계대명사, 접속사

- 첫째 줄의 'for some time'은 전치사 for와 명사 some time의 조합. 부사로서 동작하므로 목적어가 될 수 없다. 따라서 이 뒤에 이어지는 '(that/what) birth order~'의 일부 또는 전부가 동사 have believed의 목적어가 되어야 한다.

- 앞에서 살펴보았듯, 목적어로는 명사 역할을 하는 것이 와야 한다(명사, 명사절 등). 접속사 that과 what만 놓고 보았을 때 둘 모두 명사절

을 만드는 것이 가능하므로, 접속사 뒤의 본문장을 확인해서 결정해야 할 필요가 있다.

– 'birth order directly affects both Pe and Ac in adult life' 는 빠진 구성 요소가 없는 완벽한 문장이다. what의 경우 뒤에 오는 문장에 (명사 성질을 가지는) 빠진 구성 요소가 있을 때에 사용하므로, 답으로는 'that' 이 옳다.

(B)의 풀이 – 병렬구조

– and나 or로 묶였을 때의 병렬구조에 대한 부분을 찾아볼 필요가 있다. 나는 막내라서 덜 적극적이다 로 번역이 되는데, 이것은 '나는 막내이다' 와 '나는 덜 적극적이다' 가 결합한 문장이다. 따라서 이 문장은 'I'm' 만을 공유하는 병렬 구조를 지닌다고 정리할 수 있다.

I'm + the youngest child(명사, <u>주격보어</u>)　and thus
+ less(aggressively/aggressive)(품사 알 수 없음, <u>주격보어</u>)

– 따라서 'less (aggressively/aggressive)' 는 주격보어가 되어야 하고, 품사로는 명사나 형용사가 되어야 한다. B가 결정되지 않아서 품사는 아직 알 수 없으나, 보어인 것은 확실.

– 원문장을 분리했을 때의 뒷문장인 'I'm less (aggressively /aggressive)'를 살펴보자. '나는 덜 적극적이다'로 번역된다. 여기서 '덜'의 의미를 지니는 less는 넣으나 빼나 문장의 구조에는 변함이 없다. 따라서 less는 부사임을 알 수 있다(부사에 대한 설명에서 '문장의 구성 요소로 쓰이지 않는다.'와 일맥상통한다).

– 결론적으로 (aggressively/aggressive)의 선택에 따라 'less (aggressively/aggressive)'의 품사가 결정된다. 보어가 되려면 명사나 형용사가 되어야 하므로, 두 가지 선택 중 보어가 될 수 있는 형용사형인 'aggressive'가 정답이다. (많은 부사가 형용사+ly의 형태를 가진다는 기본 지식이 있으면 좋다. 물론 모든 부사가 그러한 것은 아니다)

<u>(C)의 풀이 – 삽입, 분사</u>
–문장에 콤마(,)가 많은 경우 '분사의 삽입'의 가능성을 우선 생각해야 한다. 콤마와 콤마 사이에 '~ing'나 '~ed'가 포함되는 불완전한 문장이 들어가 있는 경우라고 생각하면 편하며, 이런 경우 읽을 때 삽입된 부분을 건너뛰고 나중에 읽어도 무방하다. 이 문장 전체를 콤마 단위로 나누어 옮겨 보자. 무려 다섯 부분으로 나누어진다.

① In other words, – 앞 문장과 내용상 연결고리를 만들기 위해 넣는 부사이다. 문장의 구조에는 영향을 주지 않는다.

② birth order may define your role within a family, – 완벽한

문장이다. 앞에 접속사가 딸려 있지 않으므로, 이 문장의 주된 부분('주절'이라고 한다)이라고 생각하면 된다.

③ but as you mature into adulthood. – but(부사) + as(접속사) + you(주어) + mature(동사)의 절 형태를 갖추고 있다. 어떤 문장에서 주절 하나를 제외한 나머지 절들을 '종속절'이라고 한다. 종속절은 모두 접속사를 필요로 하며, 없는 경우는 접속사가 생략된 것이다.

④ (accepted/accepting) other social roles. – 응? 주어나 동사가 있는 것도 아니고, 뜬금없이 ~ed나 ~ing 중에서 하나를 선택하란다. 아하, 삽입된 부분이구나! 나중에 읽자.

⑤ birth order becomes insignificant. – 완벽한 문장이다. 그리고 이 문장도 주절이라고 말할 수 있다. 잠깐, 왜 한 문장에 두 개의 주절이 있느냐구? 좋은 질문이다. 아까 읽은 부분 중에 'but'이라는 단어가 있었다. 이 단어가 두 개의 문장(①②와 ③④⑤)을 하나로 연결해 주고 있는 것이다. 따라서 첫 번째 주절은 ①②의 주절, 두 번째 주절은 ③④⑤의 주절인 것! 음, 좀 복잡하지?

④ 어느 정도 문장 구조를 파악했으니 다시 4번으로 돌아오자. '분사의 삽입'은 어떤 종속절에서 접속사와 주어가 생략된 후(분사 형태로 만들기), 문장 중간에 삽입되었다고 생각하면 된다. 그렇게 분사 형태로 만드는 과정에서 능동태인 경우 동사의 형태로 '~ing'를 쓰고 수동태인 경우 '~ed'를 쓰게 되는데, 그 두 가지 중에 어떤

것이 이 상황에 적절한지를 물어보고 있는 것이다.

분사화 과정에서 생략되는 주어의 경우 그것이 앞 문장이나 뒷문장의 주어와 같기 때문이므로, 눈치를 보아 어떤 것이 적절한 것인지 알아내야 한다. 동사인 'accept'를 생각했을 때, 뒷문장의 주어인 'birth order(태어난 순서)'가 accept하거나 되는 것은 말이 안 되므로 주어는 앞 문장의 주어인 you가 된다. 역시 동사를 생각했을 때 '당신(you)이 역할(roles)을 받아들이다(accept)'의 능동태가 되어야 하므로 답은 'accepting'이 된다. '받아들이다'의 미묘한 뉘앙스 때문에 함정에 빠질 가능성도 약간 있어 보이는 문제였다.

3) 영어 독해

(1) 정확한 해석을 위해 - 지문 다시 읽기

외국어 영역 공부에서 지문은 매우 중요하다. 언어적 차원의 외국어 공부가 목적이지만 지문이 다루고 있는 다양한 내용들, 이를 테면 영어라면 영어권 문화를 접할 수 있는 소중한 기회가 덤으로 주어지기 때문이다. 그러므로 이런 지문들을 문제풀이뿐만 아니라 다른 방법으로 다양하게 활용할 수 있다면 애초 목적의 몇 배 이상의 효과를 거둘 수 있을 것이다.

여하튼 공부 또는 문제풀이로 국한해서 보면, 공부든 문제풀이든 출발은 지문 읽기부터 시작한다. 그런데 우리는 시험 볼 때 문제 푸는 시간을 최대한 단축하기 위해 가능하면 지문을 최대한 빨리 읽는 것이 일상화되어 있다. 대부분의 경우 지문의 중간쯤, 심지어는 첫 한두 문장에서 답을 찾는 경우가 많으므로 지문 하나를 끝까지 다 읽는 일은 드물다.(뒤의 글에서 설명하겠지만 어떻게든 함정을 만들고 싶어 하는 출제자들은 수험생들이 글을 끝까지 보지 않으려 한다는 약점을 악용(?)한 문제를 가끔 낸다는 사실도 명심하길.)

그런데 지문 읽기의 핵심은 앞에서 얘기한 속도도 물론 중요하지만 정확하게 읽기가 가장 중요하다. 아무리 빨리 읽는다 할지라도 문장의 정확한 뜻을 모른다면 문제의 답을 정확하게 맞힐 수 없을 뿐만 아니라 다시 읽어볼 수도 있어 이래저래 시간까지 낭비할 수 있기 때문이다. 따라서 외국어 영역의 공부는 지문을 정확히 해석할 수 있는 능력을 키우는 것에 초점이 맞추어져야 한다.

지문을 정확히 해석하는 능력을 키우기 위해서는 무엇보다 문제를 풀기 위해서 한번만 볼 것이 아니라 문제를 모두 풀고 난 뒤에 지문과 해석본을 번갈아 보며 한 문장씩 끝까지 천천히 다시 읽어보는 것이 필요하다. 한 문제 풀고 나서 곧바로 다시 읽기를 반복하든, 하루의 공부를 모두 끝내고 하든 그것은 자유이다. 언제가 되었든 풀었던 지문을 잊기 전에 다시 읽는 것이 좋다.

내가 앞 장에서 '지문을 읽으며 모르는 단어를 체크하라'고 이야기했었는데, 그 과정을 '지문 다시 읽기'를 하면서 수행한다면 시간 절약에 도움이 될 것이다. 지문을 한 번 더 읽을 목적으로 '다시 읽기'와 '모르는 단어 체크하기'를 따로 진행하는 것도 나쁘지 않다.

아마 웬만큼 쉬운 지문이 아니고서야 십중팔구 한 지문에 한 구절쯤은 해석에 고생했던 부분이 있을 것이다. '지문 다시 읽기' 방법은 그런 부분들을 확실하게 짚고 넘어가기 위한 방법이다. 무엇 때문에 고생했는지, 그것을 어떻게 해석하는지, 다음에 비슷한 구절을 만나면 무엇을 바탕으로 판단해야 할지, 어떻게 대처해야 하는지 같은 것들을 배울 수 있겠다. 단어 하나 때문이었다면 그 단어를 새로 배우는 기회일 수 있고, 숙어 때문이었다면 그 숙어의 활용도 배울 수 있다. 특히 숙어의 경우 숙어집 따위로 배우는 것이 아니라 실제로 문장에 활용된 것을 통해서 배우기 때문에, 실전(물론 수능을 말한다)에 사용하기가 보다 용이하다. 그렇다고 해서 모르는 부분만 보고 넘어가지는 말자. (물론 해석집이 절대적인 답안은 아니지만) 아는 것이 나왔다고 미소를 지으며 해석했던 것들이 틀린 해석일 수도 있다. 아는 것도 모르는 것처럼, 처음부터 끝까지 꼼꼼히 다시 보도록 하자.

(2) 빠른 독해를 위해 - 끊어 읽기

지문을 빨리 읽어야만 하는 것은 시험시간이 정해져 있기 때문이다. 시간이 많다면야 느긋하게 음미하면서 읽을 수 있겠지만 지금 우리에게 요구하는 것은 그런 사치가 아니다. 해서 빠른 독해를 위해 다양한 방법들이 동원되는데, 지금 여기서 내가 말하는 방법이 학원 강사나 선생님들이 이야기하는 것과 크게 다르지 않을 것이다. 문장을 읽어가며 쉬어갈 수 있는 부분에서 한 숨 돌리고, 중요한 내용과 그렇지 않은 내용을 구별한다는 취지. 요지는 같은 끊기 규칙을 모든 문장에 일관되게 적용하는 것이 아니라는 것이다. 끊는 위치는 읽는 호흡에 따라서 매번 달라지기 마련이므로 '어떤 자리에서 어떻게 끊어라' 하고 절대적인 방법을 제시해 줄 수는 없다.

하지만 대략적인 팁 몇 가지를 주자면, 주어가 길 때, 본 문장 속에 있는 수식어구나 절의 좌우, 앞 글 '문법' 편에서 이야기한 전치사+명사의 조합(구) 주변에서 끊으면 좋다. 끊기 기호로는 /를 주로 사용하지만, 방금 예로 든 것 중에 '수식어구나 절'은 그 좌우에 (괄호)를 쳐주면 구분하기가 좀 더 용이하겠다.

이 방법은 어려운 문장을 보다 쉽게 해석하기 위한 방법이므로 굳이 쉬운 문장까지 끊어 읽을 필요는 없다. 또 굳이 끊어 읽기를 연습할 필요도 없다. 그냥 해석하기 어려운 부분이 나올 때마다 '내가 이미 이해한 부분까지 끊어낸다'는 느낌으로 융통성 있게 끊으면 된다. 쉽게쉽게 읽으려고 하는 건데, 이런 데까지 규칙을 만들어 버리면 오히려 머리 아프니까. 뭐, 자연스럽게 어려운 문장에는 끊어 읽기 표시가 많아지게 될 것이다.

기출문제를 하나 가져와 예시를 들어보겠다. 내가 끊는 것은 어디까지나 예시이다. 여기에 얽매일 필요는 없다. 읽는이가 생각하여 이것보다 더 끊거나 덜 끊거나 해도 상관은 없다. 여러분이 쉽게 읽을 수 있는 정도가 제일 적당히 끊은 것이다. 다만 어떤 방법으로 끊어 읽는가에 대해 참고하면 된다.

(2011 수능 37번)

Bristlecone pines are unusual trees that grow in the mountain regions of western America, sometimes as high as two or more miles above sea level. They grow very slowly and range from 15 to 40 feet in height. These evergreens often live for thousands of years. Considering the habitat of these trees, such as rocky areas where the soil is poor and precipitation is slight, it seems almost incredible that they should live so long or even survive at all. The environmental adversities, however, actually contribute to their longevity. Cells that are produced as a result of these conditions are densely arranged. The densely structured wood is resistant to invasion by insects and other potential pests. Bristlecone pines grow faster in richer conditions, but die earlier and soon decay. The harshness of their surroundings, then, is a vital factor in making them strong and sturdy.

'다음 글의 내용과 일치하지 않는 것'을 묻는 문제로 출제된, Bristlecone pines에 대한 지문이다. 나의 기준으로 적당히 끊어 보겠다.

Bristlecone pines are unusual trees that grow in the mountain regions of western America, sometimes as high as two or more miles above sea level. They grow very slowly and range from 15 to 40 feet in height. These evergreens often live for thousands of years. Considering the habitat of these trees, such as rocky areas where the soil is poor and precipitation is slight, it seems almost incredible that they should live so long or even survive at all. The environmental adversities, however, actually contribute to their longevity. Cells that are produced as a result of these conditions are densely arranged. The densely structured wood is resistant to invasion by insects and other potential pests. Bristlecone pines grow faster in richer conditions, but die earlier and soon decay. The harshness of their surroundings, then, is a vital factor in making them strong and sturdy.

본능적으로 끊긴 했으나, 몇 가지 이유 있는 끊음(?)에 대해서 설명을 잠시 해보겠다. 나의 경우에는 끊은 것을 좀 더 확실히 구분하기 위해서 문장과 문장 사이에도 끊음 표시(/)를 했다.

- 1번째 줄 'that' : 내 무의식적인 행동일까, 'that'에는 단어 위에 바로 끊음 표시를 하는 버릇이 있다. 대부분의 경우 접속사임이 확실

히 구분되는 where나 when과 달리 that은 앞뒤 문장을 이어주는 역할도 하고 있기 때문인 것 같다.(음, 왠지 내 영문법의 밑천이 드러나는 느낌이다.) 8번째 줄의 that은 접속사이지만 여기에도 바로 단어 위에 끊음 표시를 했다.

— 4~5번째 줄 : 한 번에 읽을 수 있는 문장이어서 끊음 표시 없이 넘어갔다.

— 6번째 줄 : such as rocky areas where the soil is poor and precipitation is slight는 앞의 'the habitat of these trees'를 부가 설명하는 말로서 콤마(,)들 사이에 삽입된 부분으로, 통째로 들어내도(Considering the habitat of these trees, it seems almost ~) 문장 구조에 지장이 생기지 않는다. 의미 파악을 위해서는 당연히 읽어야 하는 부분이지만, 빠르게 읽어나가면서 해석을 위해 문장 구조를 파악하는 선에서는 건너뛰어도 되는 부분이다. 그러함을 표시하기 위해 앞뒤로 끊음 표시 하나씩.

— 6번째 줄(2) : 위에 들어냈던 부분에서, 'where the soil is poor ~'는 접속사+주어+동사 형식의 절이다. 절과 그렇지 않은 부분을 구분하기 위해 접속사 where 앞에 끊음 표시 하나 더.

-10번째 줄 : 'that are produced as a result of these conditions'는 앞의 Cells를 수식한다. 통째로 '묶어서' 앞을 수식하는 느낌으로 받아들였기 때문에, 좌우로 괄호를 쳤다.

- 전체적으로 '전치사+명사'의 조합 중에 짧아서 쉽게 해석할 수 있는 것은 끊지 않았고, 길어서 구별하는 것이 편할 것 같은 때(예로 마지막 줄 'vital factor' 뒤)에는 끊었다. 그만큼 끊어 읽기 방법은 유동적이다.

3) 비상사태 대처법 - 모르는 단어가 나왔을 때

(2011 수능)

22. 다음 글에서 전체 흐름과 관계없는 문장은?

Consider the following implication involving the role of social bonds and affection among group members. If strong bonds make even a single dissent less likely, the performance of groups and institutions will be impaired. ①A study of investment clubs showed that the worst-performing clubs were built on affective ties and were primarily social, while the best-performing clubs limited social connections and focused on making money. ② Dissent was far more frequent in the high-performing clubs. ③The low performers usually voted unanimously, with little open debate. ④ As illustrated in the study, the high performers placed more importance on social bonds than the low performers, resulting in their high rate of success. ⑤ The central problem is that the voters in low-performing groups were trying to build social cohesion rather than to produce the highest returns.

아무리 영어를 잘한다고 해도, 수능시험지에서 모르는 단어가 하나도 없을 수는 없다. 그럼 모르는 단어가 나오면 어떻게 해야 할까? 그 대처법을 알아보자.

이번에는 정답률이 비교적 낮은 편인 오답율 70%짜리(EBSi 수능 성적 분석표 기준) 문제를 하나 가져왔다. 우리는 이 지문에서 밑줄 친 다섯 개의 단어를 모르고 있다고 하자.(Dissent는 본문에서 두 번 나오고, 두 번 모두 밑줄을 쳤다.)

우선 모르는 단어를 보았을 때 가장 먼저 해야 되는 것은 '흔들리지 않는 것'이다. '모르는 단어가 나왔다!!' 하고 한강에서 괴물이 튀어나온 것 마냥 좀처럼 그 단어에서 눈을 뗄 수 없다면 지는 것이다. 언어 영역에서 시를 해석할 때처럼 대강 '이러이러한 의미일 것이다' 정도로 머릿속에 기억해 두고 나서는 다시 망설이지 말자.

먼저 dissent, impair가 처음 등장하는 두 번째 문장. 문장의 의미 차원에서 보아서는 둘 모두 중요한 단어이지만, 이 단어를 모른다고 해서 해석이 불가능하게 되는 위치에 있는 것은 아니다. 따라서 우리는 이 단어들만 그대로 두고 문장을 해석하도록 하겠다. (우리는 '번역' 이 아니라 '독해' 를 하는 것이 목적이므로, 최대한 의역을 지양하도록 하겠다.)

> If strong bonds make even a single <u>dissent</u> less likely, the performance of groups and institutions will be <u>impaired</u>.
> ⇒ 강한 (사회적) 연결은 'dissent' 가 덜 일어나게 하며, 그 단체의 성과는 'impaired' 될 것이다. (사회적 : 지문의 첫 번째 문장에 'social bonds' 라는 표현이 있다)

이 정도로 해 두고, 다음으로 넘어가서 이 단어들에 대한 힌트를 찾도록 하자. 이 문제에서는 첫 두 문장에 단체의 사회적 연결에 대한 어떤 사실이 나왔으므로, 아마 '전체 흐름과 관계가 없는 문장' 은 처음의 사실과 배치되는 어떤 '거짓' 일 것임을 생각할 필요가 있다. 따라서 다섯 개의 보기 중에서 네 개는 진실이고 한 개만 거짓이므로, 다섯 개 중 어느 두 개를 비교했을 때 서로 반대의 뜻이 된다면 그 둘 중 하나가 거짓이 되겠다. 일단 쭉 읽어 보자.

보기 1번 : 하나만 가지고는 답이 무엇인지 찾을 수 없다. 의미 파악은 어렵지 않게 할 수 있다. 해석 후 빠르게 다음으로 넘어가자. 1번에서의 'tie' 는 비유적인 의미로 쓰였다. 넥타이 같은 것에서 유추했을 때 무언가를 묶는 끈 따위를 연상할 수 있고, 여기서도 그런 정도로 해석하면 된다. '사람과 사람을 연결하는 끈'이라는 느낌일까.

보기 2번 : 'Dissent'가 또 나왔다. 이번에는 주어로 나왔으니 'Dissent'에 대한 이야기일 것임에 틀림없다. 모르는 단어니까 일단 다음으로 넘어가자.

보기 3번 : 'unanimously'의 뜻은 잘 모른다 하더라도 바로 뒤에 이어지는 'with'를 보았을 때, 'unanimously'와 'with little open debate'는 같은 맥락에 있다는 것을 알 수 있겠다. '성과가 적은 단체는 (어떻게 투표를 하던 간에) 공개적인 토론을 거의 하지 않는다.'

보기 4번 : 모르는 단어가 없으니 재빠르게 읽을 수 있다‥어라? 좋은 성과를 내는 단체는 그렇지 않은 단체보다 사회적인 연결에 더 신경을 쓴다. 보기 1번을 다시 보자. 'while~'에서, 아주 좋은 성과를 내는 단체는 사회적인 관계에 제한적이고, 돈을 버는 데에 더 집중한단다. 정반대말이다. 그럼 둘 중 하나가 거짓이 된다. 따라서 1번과 4번을 제외한 2, 3, 5번은 답이 아니다(진실이다).

보기 5번 : 1번과 4번에 의해 진실임이 증명된 보기이다. 'cohesion'이라는 단어가 문제가 되는데, 그 앞에 있는 형용사 'social'을 보도록 하

자. 'cohesion' 이 무엇이든 간에, 해석은 '사회적인 무엇' 이 된다. 그 대로 읽어 보면 '가장 중요한 문제는, 낮은 성과를 보이는 단체의 구성 원들은 큰 이익보다 사회적인 무엇을 늘리는 데에 주력한다는 것이다.' 가 된다. 별 문제 없다. 5번을 바탕으로 보기 1번과 4번을 비교할 때, 5번 과 같은 의미를 가지는 문장은 보기 1번이다. 따라서 관계없는 문장은 보기 4번이 된다.

여기서는 처음에 나온 dissent와 impaired와 '관계없는 문장' 과는 거리 가 멀다. 따라서 두 단어의 의미를 모르고서도 답을 찾을 수 있었다. 혹시 나 자신이 모르는 단어가 선택지에 나오고 그것이 답인 것 같은 경우, 일 단 확실해 보이는 것부터 지워 나가는 방법으로 답을 찾도록 하자. (여담 이지만 이 지문에 남은 두 가지는 지문에서 얻는 힌트만으로 뜻을 유추 하기 쉽지 않다. 'dissent' 는 '이의 있소!' 라는 뜻이라고. 'impair' 는 '손상된, 제 기능을 못하는' 이라는 뜻이다. 특히 후자의 경우 전자를 모르면 유추하기 정말 힘들다.)

함정에 빠지는 경우, 보기 3번을 '관계없는 문장' 으로 고를 수도 있다. (실제로 약 33%의 수험생이 보기 3번을 답으로 골랐다) 뜬금없이 '토 론 없이 투표하는 이야기' 가 튀어나오기 때문이다. 대충 이런 느낌이리 라. '1번에서도 사회적 관계에 대한 얘기가 나왔고, 2번은 dissent가 뭔지 모르겠고, 4번을 보니까 또 사회적 관계가 나오네? 옳다구나 3번 이구나!'

한국말만 끝까지 들어야 아는 것은 아니다. 이 문제도 보기 5번으로 넘어가면 다시 투표하는 이야기(voters)가 나온다. 결론적으로 보기 4번을 빼고 보기 1-2-3-5번으로 이어지는 단체의 '의사 결정'에 대한 이야기이다. 이 문제가 아니더라도 비슷한 사고 흐름으로 함정에 빠지는 경우가 매우 많으니, 끝까지 읽고 지능적으로 판단하도록 하자.

* 앞의 경우 '거짓'을 찾는 문제가 되었으므로 옳고 그름을 따져서 풀수 있지만, 그렇지 않은 경우도 많다. 어느 경우에는 정말로 전체 주제와 관계가 없는 문장을 찾아야 할 수도 있다. '앞 문장의 특정 단어에 대한 사족'을 다는 유형도 있고, 지열로 냉방을 하는 원리를 설명하는 도중에 에너지원에 대한 이야기를 한다거나(2011년 9월) 하는 정말 '뜬금없이 나오는' 유형도 있다. 수많은 유형이 있으므로 모든 문제가 이 책에 나온 풀이방법만으로 해결되는 것이 아니다.(그렇다는 것은 이미 독자 여러분도 알고 있으리라 생각하지만.)

'관계없는 문장'의 모든 유형을 전부 다 설명하기가 현실적으로 힘듦으로 짧게나마 주고 싶은 팁은, 지문을 읽다가 갑자기 혼란스러워지면서 머릿속 물음표로 가득 찰 경우, 그 근처에 답이 있을 것이다. 어느 정도 읽으면서 글의 맥락을 타게 되면 다음 내용이 '대강 어느 것이 나올 것이라'고 무의식으로 예측하게 되는데, 그 예측과 실제 지문이 어긋나면서 일어나는 혼란이기 때문이다. (이런 걸 흔히 '문제 푸는 감'이라고 한다.)

에필로그

Per aspera ad astra!
역경을 거쳐 별에 이르도록!